인생을 바꾸는 뇌과학 시간표

NOU NO PERFORMANCE WO SAIKONI HIKIDASU KAMI JIKANJUTSU
by Shion Kabasawa

Copyright © Shion Kabasawa 2017
First published in Japan in 2017 by DAIWA SHOBO CO., Ltd.
Korean translation copyright © 2025 by Tornado Media Group
All rights reserved.
Korean translation rights arranged with DAIWA SHOBO CO., Ltd.
through BC Agency.

이 책의 한국어판 저작권은 BC에이전시를 통한 저작권사와의 독점계약으로
토네이도미디어그룹㈜에 있습니다.
저작권법에 의해 한국 내에서 보호를 받는 저작물이므로
무단전재와 무단복제를 금합니다.

잃어버린 집중력을 찾아줄 뇌 100% 사용법

인생을 바꾸는 뇌과학 시간표

가바사와 시온 지음
정혜원 옮김

ORNADO
토네이도

프롤로그

'좀 더 시간을 잘 활용해 업무 성과를 내고 싶다.'
'나를 위한 공부를 하고 싶은데 매일 너무 바쁘다.'
'가족과 좀 더 많은 시간을 보내고 싶다.'

혹시 당신도 이런 생각을 해본 적 있는가?
하루 24시간은 모두에게 공평하게 주어진다. 그런데 같은 시간을 살아도 현실에서는 능률이나 수입, 성과 등에서 큰 차이가 벌어진다. 이유가 뭘까?
바로 '시간을 쓰는 방식'이 다르기 때문이다.
시간을 어떻게 쓰느냐에 따라 인생의 모든 것이 결정된다.

남들의 4배로 일하고 2배로 노는
신의 경지에 이른 시간술

　나는 정신과 의사로 일하면서 온라인 채널이나 책을 통해 정신 질환이나 질병 예방에 도움이 되는 정신의학, 심리학, 뇌과학 정보를 알기 쉽게 전달하고 있다.
　그런데 사람들이 이런 질문을 자주 한다.
　"가바사와 씨, 밤에 잠은 주무세요?"
　"가바사와 씨, 몸이 2개 아니에요?"
　이쯤에서 자기소개도 할 겸 내 하루 일과를 공개하겠다.

- 매일 오전에 글을 쓰며 1년에 약 3권의 책 출간
- 매일 이메일 매거진, 유튜브, 페이스북, 블로그 업데이트
- 월 6회 병원 진료
- 월 20권 이상 책을 읽고 서평 공개
- 월 2~3회 세미나, 강연 개최(매번 새로 준비한 나만의 콘텐츠)

　이 일과를 약 7년이나 지속하고 있다.
　대필 작가가 책을 쓰는 경우도 있다는데 나는 책은 물론이

고 이메일 매거진까지 모든 글을 한 글자 한 글자 전부 내 손으로 쓴다. '매일 이메일 매거진 발행', '매일 유튜브에 동영상 업로드', '한 달에 20권 독서 후 서평'. 이 중 하나만 꾸준히 하기도 여간 힘든 일이 아니다. 아마 4명 정도가 나눠 해야 겨우 소화할 수 있는 분량 아닐까? 그러다 보니 "몸이 2개 아니냐"라는 우스갯소리까지 듣는 판이다.

매일 이렇게 많은 일을, 그것도 거의 7년이나 지속하다 보니 잠자는 시간을 줄여 일한다는 오해를 받기도 한다. 하지만 나는 매일 7시간 이상은 반드시 잔다.

어쩌면 일의 양만 놓고 보면 나만큼 일하는 사람도 있을지 모르겠다. 그런데 더 놀라운 사실을 고백하자면 나는 자유 시간도 많다.

- 매주 4~5회 운동하고 영화 2편 감상하기
- 밤에 월 15회 이상 회식, 파티, 행사에 참석하고 유명한 레스토랑이나 바 찾아다니기
- 1년 동안 위스키 100종 이상 시음하기
- 연 30일 이상 해외여행 가기

나만큼 많은 자유 시간, 취미와 오락을 즐길 시간을 확보하며 인생을 누리는 사람은 별로 없다. 그것도 4명이 할 일을 매일 혼자 소화하면서 말이다.

내 하루 일과를 듣고 한 친구는 이렇게 말했다.

"신의 경지에 이르렀구나!"

친구 말대로 신의 경지에 이른 시간 활용법에 나는 '신의 시간술'이라는 이름을 붙였다.

하루에 보통 사람의 4배 이상 일하면서도 2배 이상의 자유 시간을 확보하는 궁극의 비법. 물리법칙을 거스르는 이 '신의 시간술'의 비밀을 알고 싶지 않은가?

과로 지옥의 끝은?

'바빠서 미치겠다', '시간이 더 많았으면 좋겠다'. 사실 15년 전엔 나도 당신과 완전히 똑같은 고민을 했다.

당시 나는 한 병원에 고용된 정신과 의사였다. 페이닥터는 근무 시간에 얽매여 있는 데다 거의 매일 야근을 하니 직장인과 별로 다를 바 없다.

오전 중에는 외래환자 수십 명을 진료하고 오후에는 병동에서 진료했으며 구급 병동이나 내과 병동에 불려 가기도 했다. 그러는 동안 긴급 전화도 걸려 왔다. 5시에 진료가 끝나도 회의나 위원회에 참석하고 진단서나 퇴원 기록 같은 서류를 처리해야 했다. 겨우 한숨 돌리고 나면 서류나 학술 논문을 읽고 내 논문을 쓰는 등 나만의 공부를 시작했다.

퇴근할 때면 어느덧 11시를 넘긴 시각. 하루에 14시간 일하고 지하철이 끊기기 직전에 집에 들어가는 것이 당연한 일상이었다.

이렇게 지옥같이 바쁜 생활을 하던 어느 날 아침에 눈을 떴는데 강한 이명이 몰려왔다. 그저 피곤해서 그런가 보다 하고 방치했더니 날이 갈수록 이명이 심해졌고 어느새 한쪽 귀가 거의 들리지 않았다.

부랴부랴 이비인후과를 찾은 결과 내림프 수종(돌발성 난청의 일부 유형)이라는 진단을 받았다. 원인을 물었더니 "스트레스"라는 답이 돌아왔다. 얄궂게도 정신과 의사가 스트레스 때문에 병에 걸린 것이다. 계속 방치하면 청력을 잃을 수 있다는 소견도 들었다.

의사로 수많은 환자를 마주해 오면서 정작 나 자신은 일을 너무 많이 하면 병에 걸린다는 당연한 사실을 잊고 있었다. "정신없이 바쁘다"라는 말이 있는데 일에 쫓긴 나머지 여유를 잃으면 병에 걸려 진짜로 죽을 수도 있다.

그날 이후 나는 생활 방식을 바꿨다. 일 중심으로 돌아가던 삶을 뜯어고쳐 더욱 나답게 살기로 결심한 것이다. 시간 배분 방법이나 사용 방법을 뿌리부터 점검했다. 다시 말해 '시간술'을 바꾼 셈이다.

날마다 일에 쫓겨 나만의 시간을 내기가 너무 힘들었으므로 시간을 사용하는 방법을 철저히 연구했다. 그렇게 알아낸 방법으로 매달 책 20~30권을 읽고 매일 꾸준히 글을 쓰는 한편 내게 투자하며 나를 계발하는 생활을 15년 넘게 지속할 수 있었다.

또 미국에 유학 갈 기회도 생기고 책도 내게 됐다. 2015년 출간한 《나는 한 번 읽은 책은 절대 잊어버리지 않는다》는 15만 부가 팔리며 베스트셀러가 됐고 현재는 작가로 집필 시간을 자유롭게 확보하며 살고 있다.

시간을 사용하는 방법을 연구하지 않으면 바쁜 일상에 짓눌려 죽을 수도 있다. '죽도록 바쁜' 상태던 내가 목숨을 걸고 연구에 연구를 거듭해 갈고닦은 시간술. 이건 단순한 경험이나 체험에 관한 개인적 고백이 아니라 최신 뇌과학, 심리학 연구 등 과학적 근거를 바탕으로 체계화한 것이다.

인생을 바꾸고 싶다면 시간술을 바꿔라

'내 미래는 어차피 뻔하다…….'
'눈앞의 레일 위를 계속 달리는 수밖에 없다…….'

이렇게 생각하는 사람이 많을 것이다.

그래서 당장의 괴로운 현실을 잊기 위해 그저 텔레비전이나 SNS를 보면서 '순간의 즐거움'을 충족해주는 수동적 오락에 시간을 쓰고 만다.

이런 시간 사용법을 근본부터 다시 점검해보면 어떨까?

'시간'은 곧 인생의 '화폐'다. 시간을 어떻게 쓰느냐에 따라 많은 것을 손에 넣을 수 있다. 그런데 하루는 24시간뿐이니 그 시간을 얼마나 알차게 쓰느냐가 인생을 결정짓는다. 다시 말해 시간을 제어하는 사람이 인생을 제어하고 일에서 성공하며 행복한 가정을 꾸릴 수 있다.

일하는 방법에는 여러 가지가 있는데 그중에서 가장 중요한 것이 시간술이다. 집중력을 높이고 일의 효율을 끌어올려 자유 시간을 만든다. 그리고 그 시간을 자기계발에 써서 한층 성장함으로써 다시 새롭게 시간을 만들어낸다.

그럼 지금부터 인생이 즐거워져 '이대로 해보길 정말 잘했다' 하는 생각이 절로 드는 신의 시간술을 소개하겠다.

 목차

프롤로그 •4

(1장)
최고의 인생을 위한 신의 시간술 4원칙

01. 제1원칙: 집중력으로 시간을 설계하라 •17
02. 제2원칙: 뇌를 리셋해 시간을 확보하라 •27
03. 제3원칙: 야근 없는 업무 방식을 찾아라 •35
04. 제4원칙: 자기계발에 시간을 투자하라 •40
05. 최종 목표: 즐기기 위해 시간을 쓴다 •45

(2장)
뇌를 100% 활용하는 집중력의 법칙

01. 뇌가 원하는 집중 주기, 15·45·90 법칙 •55
02. 산만한 뇌를 다스리는 잡념 퇴치법 •66
03. 마감을 성과로 바꾸는 제한 시간 활용 업무법 •83

(**3장**)
아침 뇌의 골든타임 기술

01. 뇌에도 골든타임이 있다 •95
02. 시작 후 30분이 하루를 결정한다 •99
03. 활기찬 아침을 여는 5가지 습관 •103
04. 인생을 바꾸는 아침의 2시간 •119

(**4장**)
낮 오후의 뇌 리셋 방법

01. 최고의 점심을 위한 뇌 사용법 •125
02. 낮잠에도 기술이 필요하다 •132
03. 뇌를 리셋하는 5가지 방법 •137
04. 오후의 업무 방식 •149

(**5장**)
저녁 운동과 수면의 기술

01. 운동으로 만드는 두 번째 골든타임 •155
02. 스트레스를 담아두지 않는 법 •170
03. 깊은 수면을 만드는 생활 습관 •177
04. 잠들기 전 15분 활용법 •183
05. 월요일 아침이 우울한 이유 •188
06. 성장호르몬으로 회복하는 방법 •192

(6장)
일 시간 창출 업무법

01. 'FOR YOU' 업무법: 신뢰와 시간을 모두 얻는 법 •201
02. '바로 지금' 업무법: 미루지 않고 행동하는 힘 •209
03. 병행 업무법: 같은 시간에 2배의 성과 만들기 •219

(7장)
자유 시간 자기계발과 휴식법

01. 자유 시간에는 일하지 않는다 •233
02. 1년을 13개월로 만드는 비밀 •237
03. 즐기면서 성장하는 능동적 오락 •242
04. 인생은 즐기기 위해 있는 것이다 •250

에필로그 정신과 의사인 내가 시간술에 관해 쓴 진짜 이유 •260

참고도서 •263

(1장)

최고의 인생을 위한 신의 시간술 4원칙

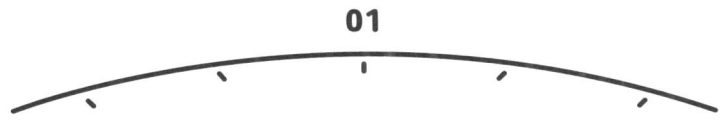

제1원칙
: 집중력으로 시간을 설계하라

안 써지던 논문이 갑자기 잘 써진 이유

지금이야 이렇게 시간술에 관한 책을 쓸 정도지만 옛날에는 나도 시간을 잘 활용하지 못해 상당히 애를 먹었다. 약 20년 전 나는 대학병원에서 근무하며 알츠하이머병을 연구하고 있었다. 정확히 말하면 낮에는 환자를 보고 진료가 끝나는 5시 무렵부터 실험에 들어갔다. 실험이 끝나면 밤 11시가 넘어 막차에 가까운 지하철을 타고 집에 들어가기 일쑤였다. 하루 14시간 근무하는 날도 적지 않던 고된 시절이었다.

실험 결과가 나오면 영어로 논문을 써 발표해야 했다. 실험하는 틈틈이 논문을 썼지만 전혀 진도가 나가질 않았다. 피곤한 상태에서는 컴퓨터 앞에 앉아봤자 1시간에 5줄, 문장으로 치면 고작 2~3문장밖에 쓸 수 없었다.

내 영어 실력에 실망해 '왜 나는 영어를 못할까? 영어 공부를 좀 더 열심히 해둘걸' 하고 후회했다. 일본어 논문은 술술 써지는데 영어로 쓰려니 그렇지 않았다. 그래도 매일 조금씩 써 나갔지만 진도가 너무 느려 자기혐오에 빠질 지경이었다.

대학에 소속돼 있으면 급여가 얼마 안 되기 때문에 주말이면 교외 병원에 당직을 서러 갔다. 하지만 대체로 응급 상황에만 대응하면 돼서 그 외 시간은 비교적 느긋하게 보낼 수 있었다.

어느 날 당직을 서는 병원에 도착해 '그래, 오늘은 꼭 논문을 쓰자!' 하고 굳게 다짐하고 별로 진전이 없던 영어 논문을 이어서 쓰기 시작했다. 그런데 희한하게 글이 술술 써지는 것 아닌가!

평소에는 머리가 납덩이처럼 무거워 문장이 전혀 떠오르지 않는데 이때는 신기할 만큼 영어 문장이 머릿속에 잇따라 떠올랐다. 그래서 평소보다 2~3배 빨리, 1시간에 10줄 넘게 쓸 수 있었다.

'와, 오늘은 웬일로 잘 써지네. 컨디션 최고구나!' 하고 감탄하며 오전 9시부터 약 2시간 만에 20줄 이상을 썼다.

오늘따라 왜 이렇게 잘 써지나 의아해하던 순간 문득 어떤 사실이 떠올랐다. 평소 내가 논문을 쓰던 시간은 밤 9시 무렵. 낮에는 환자를 진료하고 저녁에는 실험까지 하느라 몸도 머리도 지칠 대로 지친 상태였다.

그런데 이날은 오전. 심지어 몸도 머리도 전혀 지치지 않아 말 그대로 심신이 모두 개운한 상태였다. 그제야 나는 깨달았다.

'아, 글이라는 것은 몸과 머리에 활력이 넘쳐 집중력이 높은 오전 시간대에 써야 하는구나.'

그날 이후로 영어 논문은 절대 밤에 쓰지 않고 당직 근무를 서는 날 오전에만 썼다. 그러자 논문 진도가 눈에 띄게 빨라졌고 완성도 역시 극적으로 높아졌다.

결과적으로 내 첫 영어 논문은 병리학 분야에서 매우 높은 권위를 자랑하는 잡지 《미국 병리학 저널(The American Journal of Pathology)》에 게재됐고 나는 무사히 박사 학위를 딸 수 있었다.

시간 효율이 4배 상승하는 뇌의 골든타임

밤에는 전혀 써지지 않던 영어 논문이 오전에는 신기할 만큼 순조롭게 진척된 이유는 바로 오전 시간대가 '뇌의 골든타임'이기 때문이다.

인간의 뇌는 아침에 잠에서 깬 직후 2~3시간 동안 하루 중 가장 높은 능률을 발휘한다. 뇌에 활력이 넘치고 뇌 속이 말끔히 정돈된 상태기 때문이다. 뇌의 골든타임이라고 불리는 이 시간대는 논리적 작업, 글쓰기, 어학 공부처럼 고도의 집중이 필요한 일에 적합하다.

어째서 이렇게 중요한 사실을 여태 몰랐을까. 나는 뇌의 효율이 가장 낮을 때 억지로 논문을 쓰느라 엄청나게 많은 시간을 허비하고 있었던 것이다. 정말이지 그 시간이 너무나도 아까웠다.

이제는 뇌의 골든타임이라는 개념이 널리 알려져 뇌과학 서적에도 자주 등장하지만 내가 논문을 쓰던 1998년 무렵에는 별로 일반적이지 않았다. 사실 뇌과학 연구는 2000년 이후 비약적으로 발전했다. 뇌에 관해 지금껏 몰랐던 사실, 분명하지 않던 사실이 과학적 자료에 입각해 점점 밝혀지고 있다.

뇌과학적으로 효율이 가장 높은 시간대를 이용해 그에 걸맞은 일을 하면 업무 효율을 2배 넘게 끌어올릴 수 있다.

이 말이 도무지 믿기지 않는가? 그럼 앞서 언급한 내 영어 논문 사례를 떠올리길 바란다. 밤에 쓰던 글을 오전에 쓰니 속도가 2배는 빨라졌을 뿐 아니라 완성도도 2배는 높아졌다. 모두 더하면 효율이 4배로 껑충 뛰어오른 셈이다.

하루는 24시간이지만 그 시간이 항상 균일하게 흘러가진 않는다. 아침 1시간은 저녁 1시간보다 4배는 더 가치 있다. 하지만 이 사실을 아는 사람은 극히 드물다. 왜냐하면 대다수가 뇌의 골든타임을 회사에 출근하거나 이메일을 확인하는 데 쓰기 때문이다. 현실에서는 이 시간을 제대로 활용하지 못하는 사람이 대부분이다.

시간의 퍼즐 이론

우리가 매일 처리하는 일은 고도의 집중이 필요한 '집중 업무'와 '비집중 업무'로 나눌 수 있다.

집중 업무에는 글쓰기, 발표 자료 만들기, 영어 자료 읽기,

영작문하기 그리고 결산서처럼 한 치의 실수도 용납되지 않는 중요한 서류 작성하기 등이 있다. 이와 대조되는 비집중 업무에는 이메일이나 메시지 확인, 전화 통화, 문서 복사, 자료나 책 검토, 회의, 논의, 손님맞이하기 등이 있다.

어느 시간대에 집중 업무를 하느냐에 따라 하루에 처리할 수 있는 업무량이 달라진다. 뇌에 활력이 넘쳐 뇌가 빠르게 돌아가는 오전 중에는 주의력과 집중력이 필요한, 뇌에 부담을 주는 집중 업무를 쉽게 처리할 수 있다. 그러나 오후가 돼 뇌가 지치기 시작하면 뇌에 큰 부담을 주는 집중 업무를 처리할 수 없다. 그럴 때 억지로 집중 업무를 하면 오전보다 몇 배 많은 시간이 걸린다.

반면 비집중 업무는 언제든지 할 수 있다. 대표적인 예가 이메일 확인이다. 오후에도 할 수 있고 휴식 중이나 식사 중에도 할 수 있으며 심지어 지하철 안에서도 할 수 있다. 뇌에 부담이 가지 않아 뇌가 지쳐 있을 때도 가볍게 처리할 수 있는 비집중 업무를 굳이 오전, 뇌가 가장 빠르게 돌아가는 뇌의 골든타임에 처리하는 건 엄청난 시간 낭비다.

그런데도 아침에 출근해 처음 30분을 이메일이나 메시지를 읽고 답장하는 데 쓰는 직장인이 많은 것 같다. '오전 시간의 가치는 밤의 4배'라고 여기는 내게 메일 확인 30분은 곧 2시간 손실과 같다.

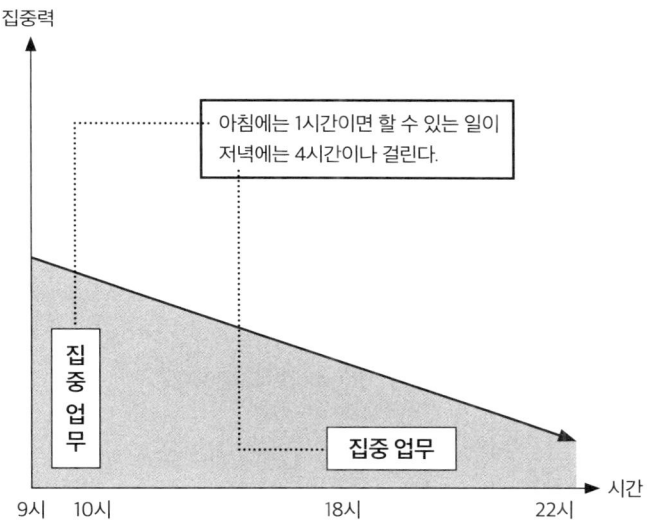

나는 한참 일하다가 '아, 피곤하다' 하는 생각이 들 때 기분 전환 삼아 메일함을 열어본다. 피곤한 상태에서도 할 수 있는 일이 이메일 확인으로 대표되는 비집중 업무기 때문이다.

머릿속에 퍼즐을 떠올려보자. 퍼즐 맞추기를 할 때는 주어진 곳에 딱 맞는 크기의 조각을 끼워 넣어야 한다. 그런데 많은 사람이 그보다 작은 조각을 끼워 넣는다. 그 결과 생기는 여백, 그게 바로 낭비되는 시간이다. 결국 마지막에는 빈자리에 비해 큰 조각만 남는데 대다수가 이를 '야근'이라는 편법으로 처리해 하루를 마감한다. 이것이야말로 여러 직장인이 되풀이하는 나쁜 패턴이다.

집중 업무는 집중력이 높은 시간대에 하고 비집중 업무는 집중력이 낮은 시간대에 하자. 적절히 업무를 배치하는 것만으로도 업무 효율을 2배, 많게는 4배까지 끌어올릴 수 있다.

집중력을 높이려고 하지 말자

골프 토너먼트 경기의 플레이오프에서 핀 옆 30cm에 볼을 딱 붙인 플레이어. 들어가면 버디 샷으로 우승이 확정되는 결정적인 순간. 1위와 2위의 상금 차이는 2천만 엔이다. 불과 핀 30cm 옆이니 평소 같으면 아주 간단히 들어갈 퍼팅이다. 그런데도 뜻밖의 뼈아픈 샷 미스로 볼이 홀 가장자리를 스치고 지나가는 장면을 여러 번 목격했을 것이다.

'이제 우승이다!' 하는 생각이 방심으로 이어졌을까? 한 타에 2천만 엔이 왔다 갔다 하는 상황에 압박감을 느꼈을까? 나흘 내내 움켜쥐고 있던 긴장의 끈을 가장 중요한 마지막 순간 놓치고 만다.

이처럼 프로 스포츠 세계에서는 마지막의 마지막 순간 긴장의 끈을 놓쳐 역전패하는 일이 비일비재하다. 프로 운동선수는 집중력을 유지하기 위해 철저히 훈련한다. 따라서 우리 같은 일반인에 비해 집중력이 압도적으로 높지만 그런 그들조차 집중력을 완전히 제어하기란 불가능하다.

하물며 훈련이라곤 전혀 받지 않은 일반인이 어떻게 집중력을 제어한단 말인가. 만약 당신이 집중력을 자유롭게 제어할 수 있다면 진작에 스포츠나 학문 세계에서 엄청난 성과를 거뒀을 것이다.

일을 마치고 녹초가 돼 귀가했는데 그때부터 갑자기 집중력을 높여 나만의 공부에 매진하기란 거의 불가능하다고 해도 과언이 아니다. 집중력을 높이는 데도 한계가 있는 법이다.

그런데 집중력을 활용하는 훨씬 간단한 방법이 있다. 누구든지 당장 내일부터라도 실천할 수 있을 만큼 아주 간단하다. 바로 '집중력이 높은 시간에 집중력이 필요한 일을 하는 것'이다. 누가 됐든 언제 어떤 일을 할지만 결정하면 된다. 그러면

100% 실행할 수 있다.

집중력이 높은 시간대로는 '기상 후 2~3시간', '휴식을 취한 직후', '퇴근 직전', '마감 전날' 등이 있다. 집중력이 자연스럽게 높아지는 이런 시간대에 집중력이 필요한 일을 하면 된다.

어느 시간대에 어떤 일을 할 것인가. 집중 업무와 비집중 업무를 마치 퍼즐처럼 적절한 시간대에 끼워 맞추기만 해도 업무 효율이 압도적으로 높아져 시간이 생긴다. 이게 바로 시간의 퍼즐 이론이다. 집중력을 염두에 두고 계획을 세우는 것만으로도 업무 효율을 2배, 아니 그 이상 높일 수 있다.

집중 시간을 최대한 늘리는 방법은 2장과 3장에서 자세히 설명하겠다.

🧠 제1원칙 요약

- 업무는 크게 집중 업무와 비집중 업무로 나뉜다.
- 집중 업무는 아침 시간대에 배치한다.
- 아침 시간은 밤 시간보다 4배 더 가치 있다.
- 애써 집중력을 높이려고 하지 말자.
- → '최고의 뇌'에 관해 알고 싶다면 2장으로
- → '최고의 아침'에 관해 알고 싶다면 3장으로

제2원칙
: 뇌를 리셋해 시간을 확보하라

1차원적 시간술에서 2차원적 시간술로

시간은 흔히 '1차원'으로 인식된다. '선'처럼 흘러가는 느낌이다. 따라서 기존 시간관념에서는 지하철로 이동하는 1시간 동안 게임 말고 독서를 하거나 하루에 5번 하던 이메일 확인을 3번으로 줄이고 그 시간에 일을 더 하는 등 '낭비되는 시간'을 '의미 있는 시간'으로 대체해 나가는 것이 핵심이었다. 이것이 '1차원적 시간술'이다.

30분을 절약해 그 30분에 하던 일을 다른 일로 대체할 뿐인

1차원적 시간술로는 하루 24시간이라는 장벽을 뛰어넘을 수 없다. 하지만 발상을 전환하면 이야기는 달라진다.

다음은 이 책에서 소개할 시간술을 그래프로 나타낸 것이다. 가로축에는 시간, 세로축에는 집중력이 놓인다. 이렇게 하면 시간 진행이 '선'이 아닌 '면'으로 나타난다. 그러므로 '2차원적 시간술'이라고 부를 수 있다.

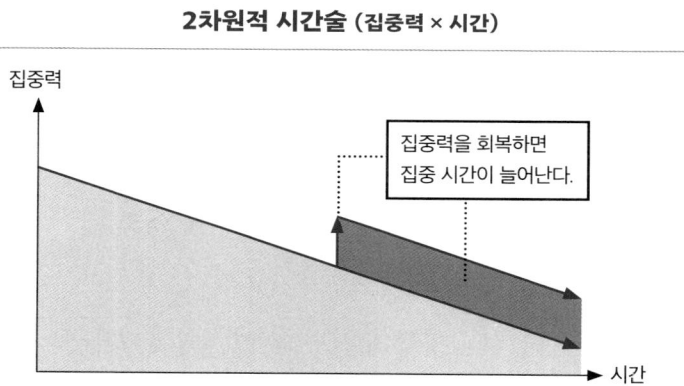

집중력이 높은 시간대에는 집중력이 낮은 시간대보다 2~4배 많은 일을 처리할 수 있다. 집중력이 높은 시간대에 집중력이 필요한 일을 하는 것만으로도 그래프의 '면적'이 넓어진다.

집중력에 시간을 곱한 면적이 바로 '집중 시간'이다. 이 공식에서 '집중력'을 '업무 효율'로 바꿔도 무방하다. 이 경우 '집중력(업무 효율)×시간 = 업무량'이 된다.

이처럼 내가 제안하는 시간술은 업무 처리량 자체를 늘린다는 발상에서 시작된다. 만약 집중력을 높여 업무 효율이 올라가면 단위 시간당 업무량을 2~3배 늘릴 수도 있다. 이것이야말로 2차원적 시간술의 놀라운 부분이다.

기존의 물리학적 시간은 1차원적으로 흐르지만 내가 고안한 집중 시간은 2차원적으로 흐른다. 이 개념을 염두에 두기만 해도 업무 효율을 높이기 위한 아이디어가 끝없이 떠오른다.

완급 조절로 지치기 전에 휴식한다

제1원칙에서 집중력을 높이기가 얼마나 어려운지 이야기했지만 실은 집중력을 쉽게 높이는 방법이 있다. 집중력 100을 120으로 끌어올리기는 어려워도 70까지 떨어진 집중력을 90으로 회복하는 건 간단하다. 그저 적절한 때 '휴식'하거나 '재충전'하는 시간을 갖기만 하면 된다. 일하는 틈틈이 휴식을 취하자. 지치기 전에 쉬는 것이 중요하다.

노력하는 데는 익숙하지만 스스로 휴식하는 데는 서툰 사람이 많다. 누구나 '하루 종일 책상 앞에 앉아 열심히 일하자!' 하고 다짐하지만 무리하면 할수록 집중력이 떨어지고 피로가 쌓여 결국 업무 전체의 효율이 극도로 낮아진다.

지치기 전에 휴식해 집중력을 회복하면 '집중력×시간'이라는 공식에 의해 '집중 시간'의 면적이 넓어진다. 그 결과 업무 효율이 높아지고 이는 곧 시간 단축과 절약으로 이어진다.

집중력을 높이는 특효약 '수면'

거듭 말하지만 집중력을 높이기 위해 굳이 애쓸 필요는 없다. 하지만 앞서 설명했듯 100에서 120으로 가기는 어려워도 평균보다 낮은 상태, 예를 들어 50이면 70까지는 쉽게 끌어올릴 수 있다. 가장 쉬운 방법은 '수면'이다.

바쁜 사람일수록 잠을 적게 자는 경향이 있다. 잠잘 시간에 일하고 공부하기 위해서겠지만 잠을 줄이면 효율이 뚝 떨어질 뿐 아니라 건강이 나빠져 결국 수명까지 줄어들 수 있으므로 절대 그러면 안 된다.

수면 시간을 줄이면 병에 걸릴 확률도 높아진다. 예를 들어 암은 6배, 뇌졸중은 4배, 심근경색은 3배, 고혈압은 2배, 당뇨병은 3배까지 발병 위험이 치솟는다. 일본 남성을 대상으로 한 연구 결과에 따르면 수면 시간이 6시간 이하인 사람은 7~8시간 자는 사람에 비해 사망률이 2.4배 높게 나타났다. 즉, 수면을 줄이는 것은 곧 수명을 줄이는 일과 같다.

잠잘 시간에 일해서 모든 게 술술 풀리면 좋겠지만 현실은 그렇지 않다. 잠을 줄이면 바로 다음 날부터 집중력이 급격히 떨어져 결과적으로 집중 시간 자체가 크게 줄어든다.

한편 수면이 뇌 기능에 미치는 영향을 분석한 연구도 있다. 수면 시간을 8시간에서 6시간 또는 4시간으로 줄이고 14일 연속으로 관찰했다. 그 결과 6시간이나 4시간 수면을 취한 경우 날이 갈수록 작업 기능, 인지 기능, 각성 유지 기능이 모두 악화됐다. 수면 시간이 8시간에서 불과 2시간만 줄어도 인지 기능이 저하되는 현상이 확인됐다.

또 다른 연구에 따르면 인간이 낮 동안 맑은 정신 상태를 유지하려면 적어도 7~9시간은 숙면할 필요가 있다고 한다.

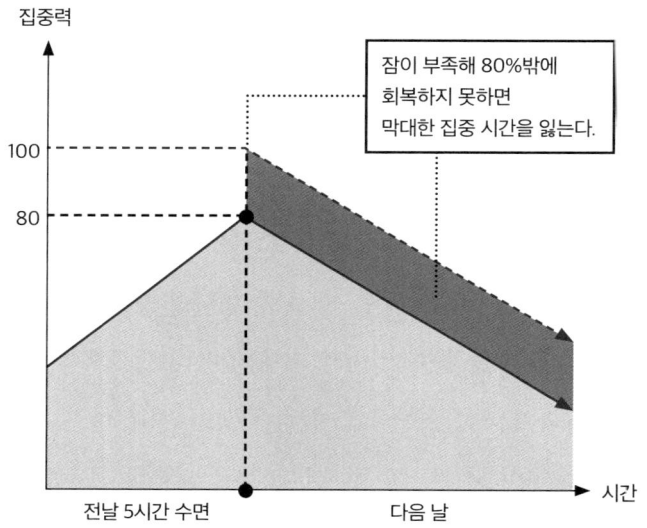

수면 시간이 짧아지면, 특히 6시간 이하가 되면 다음 날 집중력이 눈에 띄게 낮아진다. 그러면 '집중력×시간' 그래프의 세로축 값이 작아져 면적이 의미하는 '업무량'도 급격히 줄어든다.

1시간 덜 자고 1시간 더 일해봐야 소용없다. 다음 날 집중력이 20% 떨어지면 20% 더 일해야 어제와 같은 분량을 처리할 수 있기 때문이다. 원래 근무 시간이 8시간이라면 그 20%인 1.6시간을 더 일해야 하니 시간 면에서 수지가 맞지 않는다.

신의 시간술을 쓰려면 집중력을 떨어뜨리는 생활 습관은 삼가고 집중력을 높이는 생활 습관을 실천해야 한다. 집중력을 떨어뜨리는 생활 습관 가운데 가장 대표적인 예가 수면 부족이다. 바꿔 말하면 지금 수면이 부족한 사람은 수면 시간을 하루 7시간 이상으로만 늘려도 집중력이 크게 향상돼 더 많은 시간을 확보할 수 있는 셈이다.

뇌를 완전히 리셋하는 비법

앞서 책 집필처럼 고도의 집중력이 필요한 일은 오전에만 할 수 있다고 했는데 사실 오후나 저녁에도 집중 업무를 훌륭하게 소화하는 방법이 있다. 바로 '운동'이다.

나는 일주일에 4~5회 운동하는 습관이 있다. 한 번에 60~90분가량 유산소운동을 하고 나면 몸과 마음이 리셋된다. 다시 말해 아침에 막 잠에서 깼을 때만큼 가뿐한 상태가 된다. 헬스장을 나서자마자 부리나케 카페로 달려가 노트북을 열고 집필을 시작한다. 그러면 이른 아침 '뇌의 골든타임'으로 돌아간 듯 글이 술술 써진다.

뇌에 작용하는 운동 효과는 매우 뛰어나다. 유산소운동을 하면 뇌를 자라게 하는 물질인 뇌유래신경영양인자(BDNF)가 분비되고 의욕을 북돋우는 뇌 속 물질 도파민도 분비된다. 그 결과 집중력은 물론이고 기억력, 사고력, 작업 수행 능력 같은 뇌 기능이 전반적으로 향상된다.

매일의 수면 또는 운동 습관처럼 일상적 행동을 아주 조금 바꾸기만 해도 집중력을 충분히 회복할 수 있다. 그렇게 집중 시간이 확보되면 시간이 늘어난 것과 같은 효과를 볼 수 있다.

제2원칙 요약

- 하루를 집중력 × 시간이라는 2차원적 관점에서 생각한다.
- 오후에는 적절히 휴식을 취한다.
- 지친 뇌는 유산소운동으로 리셋한다.
- 수면 시간만큼은 무슨 일이 있어도 절대 줄이지 않는다.
→ '최고의 점심'에 관해 알고 싶다면 4장으로
→ '최고의 저녁'에 관해 알고 싶다면 5장으로

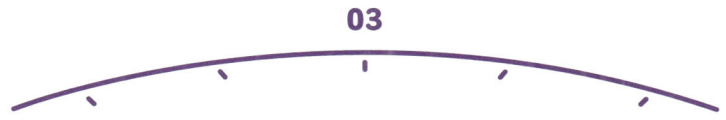

제3원칙
: 야근 없는 업무 방식을 찾아라

업무 효율을 2배 높이는 법

이 책에는 일의 효율을 높인다든지 효율적으로 일하자는 표현이 여러 번 등장한다. 이는 단순히 시간을 잘 안배한다는 뜻이 아니라 집중력에 초점을 맞춰 일의 효율을 높이면 단위 시간당 업무량을 늘릴 수 있음을 의미한다. 즉, '집중 시간'(집중력×시간에 의한 면적)을 확보할 수 있다.

1시간 걸리던 일을 50분 만에 끝낼 순 없을까? 작업 시간을 45분으로 단축할 순 없을까? 고민에 고민을 거듭한 결과 지금 내가 매일 실천하고 있는 신의 시간술이 완성됐다. 요컨대 내 시간술의 핵심은 업무 효율을 높여 더 빠르고 신속하게 일을 마치는 것이다.

지금까지 집중력을 2배로 끌어올려 업무 효율을 2배로 높이자는 말을 반복했는데 '과연 그게 가능할까?' 고개를 갸웃한 사람도 있을지 모른다. 그런데 충분히 가능한 일이다.

'노동생산성'이라는 지표가 있다. 노동자 한 사람이 투입한 노동량에 대한 부가가치의 비율로 노동자가 얼마나 효율적으로 성과를 거뒀는지를 객관적 수치로 나타낸 것이다. 간단히 말해 '업무 효율'의 지표인 셈이다.

노동 면에서 근면하고 우수하다는 평가를 받는 일본의 노동생산성은 세계 몇 위 정도일까? 2016년도 통계에 따르면 일본의 노동생산성은 OECD 34개 회원국 가운데 22위다. 주요 7개국 중에서는 1994년도부터 22년 연속 최하위에 머무르고 있다. 즉, 노동생산성이 선진국 중에서 가장 바닥 수준이다.

일본의 시간당 노동생산성은 42.1로 68.3인 미국보다 1.6배 낮다. 노동생산성은 개인의 생산성뿐 아니라 기업이나 조직의 생산성과 혁신 정도와도 관련 있어 쉽게 단정할 순 없지만 일본은 개인이나 조직이나 생산성이 떨어지는 것으로 보인다.

간단히 말해 일본인은 미국인의 1.6배를 일해야만 같은 가치를 창출할 수 있다. 일본인이 우수하다는 인식은 순전히 환상이다. 오히려 다른 나라보다 훨씬 비효율적인 방식으로 일하고 있다.

그런데도 GNP로 따지면 일본은 무려 세계 3위다. 참 대단한 일이다. 낮은 효율을 장시간 노동으로 보완해 왔으니 말이다. 미국인은 5시 정시에 퇴근하는데 일본인은 습관적으로 2~3시간 야근까지 하고 퇴근한다. 이런 삶의 방식이 노동생산성 통계 결과에 고스란히 반영돼 있다.

이처럼 국가별 노동생산성 비교 결과는 매우 씁쓸하지만 관점을 달리하면 큰 가능성을 엿볼 수도 있다. 충분히 개선의 여지가 있기 때문이다.

만약 일본인이 미국인에 맞먹는 노동생산성을 실현할 수 있다면 노동 효율이 지금보다 1.6배 높아질 것이다. 더 나아가 미국인 평균보다 조금 더 효율적인 노동자만큼 일할 수 있다면 업무 효율을 2배까지 끌어올릴 수도 있다. 업무 효율을 끌어올리기 위해서는 기본적으로 집중력을 높여야 하지만 그에 더해 업무 방식을 혁신하고 불필요한 업무를 뺄 필요도 있다.

높은 생산성의 비밀

　일본은 세계에서 아홉 번째로 자살률이 높은 나라다. 나는 일본의 낮은 노동생산성이 높은 자살률과 관련 있다고 본다. 노동생산성이 낮은 상태에서 일정한 가치를 창출하려면 반드시 장시간 일할 수밖에 없다. 그로 인해 노동자는 가혹한 환경에 내몰린다.

　세계에서 자살률이 두 번째로 높다고 알려진 한국의 시간당 노동생산성은 31.9로 42.1인 일본에 비해 약 30%나 낮다. 마찬가지로 자살률이 높은 러시아나 헝가리의 노동생산성도 일본을 밑돈다.

　노동생산성을 높인다는 것은 노동환경을 개선한다는 뜻이며 이는 자살률을 낮추는 데 기여할 것이다. 나도 정신과 의사로 이 문제에 큰 관심이 있어 오랫동안 노동생산성을 높여 일의 효율을 개선하는 방안을 연구해왔다. 3년간 미국에서 유학하며 미국인은 왜 노동 효율이 높은지, 어떻게 일을 효율적으로 처리할 수 있는지 면밀히 관찰했다. 그 결과 미국인의 높은 생산성에 얽힌 비밀을 발견했다.

　이 책 곳곳에 미국에서의 내 경험담을 듬뿍 담았다. 미국의 효율적인 업무 방식을 우리에게 적용한다면 일의 효율을 1.6배 높일 수 있다. 어쩌면 그보다 더 높일 수도 있을 것이다.

미국식 업무 방식은 6장에서 자세히 설명하겠다.

> **제3원칙 요약**
> - 집중력뿐 아니라 업무 기술도 필요하다.
> - 업무 효율 향상을 위해 끝없이 고민한다.
> - 노동생산성이 낮더라도 개선의 여지는 있다.
> - 효율을 높여 장시간 노동에서 해방되자.
> → '최고의 업무 방식'에 관해 알고 싶다면 6장으로

04

제4원칙
: 자기계발에 시간을 투자하라

나는 왜 맨날 바쁘기만 할까?

시중에는 시간 관리에 관한 책이 많다. 이미 몇 권쯤 읽어본 사람도 있을지 모른다. 아마 그 책들이 일러주는 방법을 실천하면 하루 1~2시간은 자유 시간을 확보할 수 있을 것이다. 그런데 정말 중요한 것은 그 시간을 어디에 쓰느냐다.

시간술로 확보한 자유 시간을 일에 쓰는 것은 최악의 시간 활용법이다. 하지만 많은 사람이 모처럼 생긴 자유 시간에 일을 한다. 이런 식이면 하루 대부분이 업무로 가득 차 노예처럼 숨 쉴 틈도 없이 일해야 한다. 다람쥐 쳇바퀴 돌듯 일만 하는 삶이 죽을 때까지 계속된다니 상상만 해도 등골이 오싹하지 않은가.

내가 소개하는 시간술은 '바쁜 생활에서 해방되는 방법'이자 주어진 시간 안에 소화하는 일의 양을 늘리고 일의 수준도 높이는 비법이다. 꾸준히 실천하면 틀림없이 바쁜 나날에서 자유로워질 수 있을 것이다.

그럼 시간술로 생긴 자유 시간은 어떻게 활용하면 좋을까? 이것이야말로 시간술의 핵심인데 시중의 다른 책은 정작 이 부분을 다루지 않는 경우가 많다. 나는 시간술로 생긴 자유 시간을 자기계발, 능동적 오락, 놀이에 써야 한다고 생각한다.

게임하는 사람, 독서하는 사람

당신은 지금의 삶에 만족하는가? 오늘과 같은 하루가 내일도 이어진다면 어떨까? 내일모레도, 10년 후에도 그리고 30년 후에도 계속된다면?

아마도 많은 사람이 그런 미래는 피하고 싶을 것이다. 지금과 다른 내가 되고 싶고 지금보다 성장해 더 좋은 미래를 맞이

하고 싶어 이 책을 읽고 있을 테니 말이다.

수도권 내 회사에서 근무하는 사람의 평균 통근 시간은 편도 1시간이라고 한다. 왕복이면 2시간, 3일이면 6시간이다. 만약 이동 시간을 모두 독서에 쓴다면 3일에 1권, 한 달에 6권을 읽을 수 있다. 1년이면 72권, 10년이면 720권이다.

지하철 안에서 게임을 할 것인가, 독서를 할 것인가. 같은 회사에서 같은 일을 하는 두 사람이 있다고 치자. 그런데 출퇴근길에 1명은 게임을 하고 다른 1명은 독서를 한다. 이로 인해 머릿속에 입력되는 데이터양이 다르다면 둘의 성장 속도도 분명 다를 것이다. 독서를 택한 사람에게는 틀림없이 앞으로 전혀 다른 인생이 펼쳐진다.

오락에는 수동적 오락과 능동적 오락이 있다. 둘 다 놀이지만 텔레비전과 게임으로 대표되는 수동적 오락은 그저 시간을 낭비하는 행위에 불과하다. 반면 독서, 스포츠, 악기 연주, 보드게임(체스나 장기) 등은 자기성장을 촉진하는 능동적 오락이다.

능동적 오락을 즐긴 후 성과를 내면 자기성장에 가속도가 붙는다. 그런 점에서 능동적 오락은 자기계발로 이어지는 오락이다. 이처럼 놀이나 오락을 즐기면서도 자기성장을 이룰 수 있다. 이게 바로 이 책에서 소개하려는 자기계발 비법이다.

자기계발과 성장의 무한 선순환

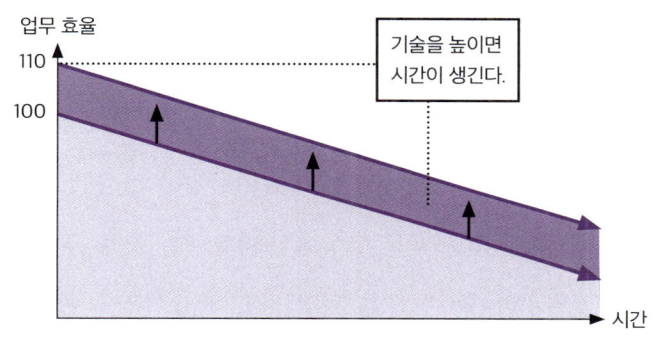

이 책의 노하우를 실천했을 때의 효과

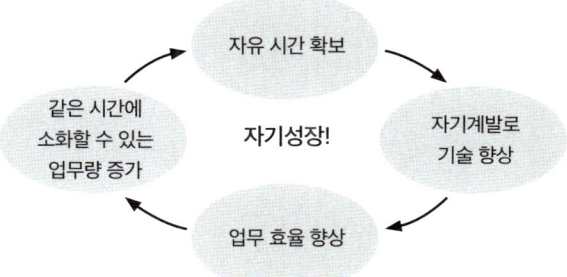

자기계발로 무한히 성장한다

시간술로 생긴 자유 시간을 자기계발에 활용해 업무 방식을 개선하자. 업무 방식이 향상되면 같은 업무를 더 짧은 시간 안에 소화할 수 있다. 그러면 추가로 자유 시간이 생긴다. 그 시간도 자기계발에 쓰면 더더욱 업무 방식이 향상된다. 이렇게 자기계발과 자기성장에 의한 시간 창출의 무한 선순환 구조가 탄생한다.

하루 1시간을 자기계발에 쓰면 자기성장이 일어난다. 그에 따라 업무 효율이 10~20% 향상되면 나중에는 수백 시간에 달하는 시간을 확보할 수도 있다. 시간을 효율적으로 활용하는 데 자기계발만 한 방법이 없다.

자기계발 개념은 7장에서 자세히 설명하겠다.

제4원칙 요약

- 자유 시간을 업무 이외의 활동에 쓴다.
- 오락은 크게 수동적 오락과 능동적 오락으로 나뉜다.
- 기술을 높이는 데 시간을 쓴다.
- 자기계발로 자기성장의 선순환을 일으킨다.
→ '최고의 자유 시간'에 관해 알고 싶다면 7장으로

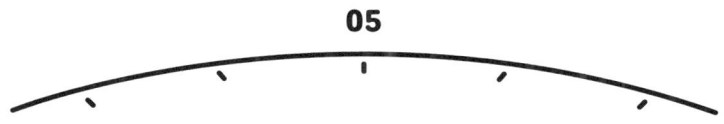

최종 목표
: 즐기기 위해 시간을 쓴다

미국인은 5시에 퇴근해 무엇을 할까?

나는 2004년부터 2007년까지 3년 동안 미국 시카고의 일리노이대학 정신과에서 유학했다. 미국인은 5시에 퇴근한다는 이야기는 익히 들었는데 정말 5시에 퇴근할까? 사실 그보다 더 일하는 건 아닐까? 미국인이 업무 효율이 높은 이유는 다름 아닌 업무 방식에 있을 거라 판단한 나는 미국 유학 전 줄곧 이런 의문을 품고 있었다. 그런데 직접 미국으로 가 미국인이 일하는 모습을 볼 기회가 찾아온 것이다.

실제로 어땠을까?

정말 5시에 퇴근했다.

5시가 넘으면 서두르는 기색이 역력했고 늦어도 6시까지는 거의 모든 직원이 퇴근했다. 7시 이후에도 남아 있는 사람은 10명 가운데 나 하나 그리고 또 다른 1명 정도였다. 8시가 지나 마침내 모두가 퇴근한 연구실은 정적이 감돌아 무서울 정도였다.

미국에도 다양한 직장이 있으니 한마디로 단정 지을 순 없겠지만 적어도 내가 일하던 연구실에서는 다들 5시부터 퇴근 준비를 해 6시에는 거의 모든 직원이 퇴근했다. '미국인은 정말 5시에 퇴근하는구나' 하고 절감했다.

어느 날 연구실 직원 겸 비서인 바바라에게 물었다.

"매일 5시에 퇴근해서 뭐 하세요?"

바바라는 당연하다는 듯 이렇게 답했다.

"뭘 하긴요. 당연히 가족과 함께 밥을 먹죠."

미국인에게는 '상식'이었을 그 대답에 나는 망치로 얻어맞은 듯한 충격에 휩싸였다. 5시까지는 일하는 시간. 5시 이후는 가족과 함께 보내는 시간. 따라서 저녁에는 온 가족이 모여 앉아 식사할 수 있도록 5시 전까지 어떻게든 일을 마친다.

이것이 미국인에게는 당연한 업무 방식이었다. 미국인은

가족을 중요하게 여기기로 유명한데 그 태도가 시간 활용법에도 고스란히 드러나는 것이다.

저녁 파티에 초대를 받으면 반드시 파트너와 함께 참석하는 것이 미국의 규칙이다. 이런 모습은 미국 영화에서도 자주 볼 수 있다. 미국인 사이에 '5시 이후는 가족과 함께 보내는 시간'이라는 공감대가 형성돼 있기에 가능한 일이다.

인생을 즐기는 사람, 인생을 견디는 사람

3년간의 미국 생활에서 절실히 깨달은 것은 미국인은 삶을 만끽한다는 사실이다. 근무 시간은 정확히 9시부터 5시까지. 이는 일종의 시간 제한 효과로 가급적 5시, 늦어도 6시까지는 일을 마치기 위해 모두가 온 힘을 다한다. 그리고 5시 이후에는 무조건 가족과 함께 시간을 보낸다. 함께 영화를 보거나 콘서트에 가고 여름철에는 휴양을 간다. 그런 모습에서 '미국인은 인생을 즐긴다'는 인상을 강하게 받았다.

반면 우리는 어떤가. 야근이 일상이 돼 5시에 퇴근하는 법이 거의 없다. 평일 저녁에도 일과 관련된 회식, 회의, 접대, 술자리가 잡히기 일쑤고 휴일에는 접대 골프를 치느라 온 가족이 모여 식사하는 자리는 일주일에 몇 번 되지 않는다. 함께하는 시간도 턱없이 짧다. 그러니 취미와 오락 시간, 나를 위한 자유 시간은 더 적을 수밖에 없다. 이것이야말로 수많은 직장인의 현실이다.

나는 3년간 미국 유학을 마치고 돌아와 무엇을 할지 고민에 빠졌다. 정신과 의사로 어느 병원에서 근무하는 길 말고는 딱히 떠오르지 않았다. 그러면 날마다 밤늦게까지 일하고 한밤중에도 긴급 호출을 받으면 나가야 하며 휴일에도 회진을 하러 병원에 얼굴을 비쳐야 한다. 하지만 자유를 만끽하는 미국식 삶을 알아버린 이상 도저히 상근 의사의 고된 생활로 돌아갈 수는 없었다.

빨간 약과 파란 약 중 무엇을 선택할 것인가? 영화 〈매트릭스〉의 한 장면이다.

일상을 즐기며 나답게 사는 삶, 이런 인간다운 '진짜 삶'이 있다는 사실을 알아버렸으니 '가짜 삶'으로 돌아가는 것은 불가능했다. 진실 된 세상에서 살기 위해 빨간 약을 고를 수밖에 없었다.

인생 최대의 깨달음과 결단

미국인은 인생을 만끽한다. 이 사실을 깨달은 순간 내 머릿속 사고 회로는 완전히 바뀌었다.

어째서 나는 무식하게 참는 인생을 살아왔을까. 자유로운 시간을 더 많이 확보하고 내가 하고 싶은 일을 하면서 나답게 살자!

그래서 정말 하고 싶은 일이 무엇인지 곰곰이 생각해봤다. 나는 책을 좋아했다. 그리고 글을 쓰는 일도 좋아했다. 그 당시 이미 책을 3권 출판한 터라 아예 더 본격적으로 글을 써서 작가가 되기로 결심했다.

일본에 돌아가면 의사를 관두고 작가가 되자!

의사를 관둔다는 말은 아침부터 밤까지 쉴 새 없이 일하는 상근 의사를 관둔다는 의미일 뿐 정신과 의사로서의 정체성을 버릴 마음은 없었다. 작가가 되기로 결심한 이유도 질병 예방과 심신 건강에 도움이 되는 정보를 제공하고 싶었기 때문이다. 이건 정신과 의사만이 할 수 있는 일이다.

미국에서 귀국한 지 10년이 흐른 지금 나는 총 25권이 넘는 책을 썼다. 매일 3~4시간씩 글을 쓰며 매 순간 '정말 즐겁다.

나답게 살고 있다'하고 느낀다. 비로소 나도 내 삶을 만끽하게 된 것이다.

우리는 삶을 즐기는 행위에 모종의 죄의식이 있는 것 같다. 하지만 좀 더 즐기며 살아도 된다. '일'이 인생의 전부는 아니다. 인내, 끈기, 참을성만으로는 인생을 살아나갈 수 없다.

워라밸은 환상이 아니다

미국인은 자신을 돌보고 가족을 챙긴 다음에야 일에 온 힘을 쏟는다. 기력과 체력이 충만한 상태에서 최고의 효율로 일을 처리한다.

반면 우리는 나를 희생하고 가족을 희생해가며 일에 몰두한다. 그러다 보니 정신적으로나 육체적으로나 지쳐 최고의 효율로 일을 처리할 수 없다.

당신은 어떤 업무 방식으로 일하고 어떤 삶의 방식으로 살고 싶은가?

'일(워크)에서 성과를 내는' 것과 '삶(라이프)을 즐기는' 것은 양립할 수 없다고 믿는 사람도 많겠지만 결단코 그렇지 않다.

시간에 대한 생각과 시간 배분 방식이 잘못돼 워라밸이 불가능했던 것뿐이다.

이 책에서 소개하는 신의 시간술에 따라 먼저 나와 가족을 소중히 하고 그다음 일에 매진하면 반드시 일에서 압도적으로 높은 성과를 낼 수 있다. 어디 그뿐인가. 자기성장을 이루고 직업적으로 좋은 결과를 거두는 한편 취미나 오락까지 즐길 수 있다. 가족이나 연인, 친구와의 귀한 시간도 즐길 수 있다.

당신이 인생을 '즐기게' 만드는 것이야말로 이 책의 최종 목표다.

(2장)

뇌를 100% 활용하는 집중력의 법칙

집중력을 높여 단위 시간당 일의 양을 늘리면 결과적으로 업무 효율이 높아져 시간을 단축할 수 있다. 이를 '신의 시간술'이라고 한다. 그런데 실제로 어떻게 하면 집중력을 높일 수 있을까? 이 장에서는 집중력에 대한 기본 지식을 바탕으로 높은 집중력을 발휘하는 방법을 알아보자.

01

뇌가 원하는 집중 주기,
15·45·90 법칙

영화 〈007〉에 본드걸이 필요한 이유

나는 영화를 굉장히 좋아해서 영화 평론가로도 활동하고 있다. 대학생 때는 1년에 200편 가까운 영화를 극장에서 봤고 영화 연구회 회원으로 8mm 영화를 찍기도 했다.

당시 인기를 끈 영화 중에 〈007〉 시리즈가 있었다. 영국 비밀 정보부 요원 제임스 본드가 활약하는 액션 영화 시리즈로 아마 누구나 한 번쯤 본 적이 있을 것이다.

〈007〉 시리즈는 20편이 넘는데 놀랍게도 첫 편을 비롯한 모든 시리즈의 구성이 거의 같다. 15분쯤 액션 신이 나오고 액션이 끝나면 배경이 다른 나라로 바뀐다. 그 전환 사이에 제임스 본드와 본드걸의 애정 신이 들어간다.

〈007〉을 보면서 대학생인 나는 의문이 들었다. 왜 〈007〉 시리즈의 액션 신은 15분이면 끝나는 걸까? 액션과 액션 사이에 본드 걸과의 애정 신을 넣지 말고 액션을 쭉 이어나가면 영화가 더 재밌어지지 않을까? 본드 걸이 꼭 필요한가?

이 의문은 내가 정신과 의사가 된 다음, 즉 정신과 의사의 관찰력을 갖춘 다음 〈007〉 신작을 봤을 때 비로소 풀렸다. 본드걸은 뇌과학적으로 반드시 필요한 존재였다.

15분, 동시통역사가 집중할 수 있는 시간

서점에 가면 집중력을 유지하는 방법에 관한 책이 여러 권 눈에 띈다. 그런데 집중력을 유지하기란 상당히 힘든 일이다. 1장에서 이미 설명했듯 잠깐 동안은 집중력을 유지할 수 있지만 '최대 집중력', 즉 매우 높은 집중력은 그리 오래 유지할 수 없다.

그럼 집중력은 최대 몇 분이나 유지될까? 여러 자료에는 15분, 45분, 90분이라는 단위 시간이 나와 있다.

예전에 한 동시통역사와 이야기를 나눌 기회가 있었다. 달라이 라마 14세의 동시통역도 맡을 만큼 유명한 분이었다. 그의 말에 따르면 "동시통역은 매우 높은 집중력이 필요해서 기껏해야 10분, 길게 잡아도 15분이 한계"라고 한다. 그래서 회의 동시통역에는 통역사가 3인 1조로 투입돼 15분씩 교대로 통역할 때가 많다고 한다.

선박이나 항공기의 레이더 감시, 공장의 계기 감시 작업을 '비질런스(vigilance) 작업'이라고 부른다. 감시 작업을 하면 무슨 일이 벌어질지 모르는 채 자극이 오길 기다려야 하는데 이럴 때는 주변을 얕고 넓게 경계하게 된다.

그런데 환경 변화가 적을 경우 대략 20분이 지나면 자극에 대한 주의 집중도가 떨어져 반응량과 정답률이 낮아진다. 비질런스 작업에서는 이를 '20분 효과'라고 한다.

클래식 음악도 대체로 15분에서 20분마다 악장이 바뀌어 잠시 연주를 멈추도록 구성돼 있다. 모두 일정 시간이 지나면 집중력이 떨어진다는 주장을 뒷받침하는 사례다.

고도의 집중을 유지할 수 있는 시간은 15분 정도로 20분이 채 되지 않는다. 그래서 단위 시간의 하나로 15분이 제시되는 것이다.

예를 들어 나는 지하철에 타면 꼭 책을 읽는다. 5분과 15분은 물리적으로는 3배 차이지만 그 잠깐 사이에 책을 읽는 속도는 약 5배 빨라진다. 지하철에 타서 책을 펼치고 10~15분쯤 지나면 집중력이 최대로 높아져 말 그대로 '흐름을 탄' 상태가 된다.

이렇게 집중력 유지의 한 단위인 15분은 일 하나를 처리하는 데 알맞은 시간이다.

45분, 수업을 들을 때 집중할 수 있는 시간

초등학교 수업은 1교시당 45분이다. 그리고 중학교, 고등학교는 1교시당 50분이다. 학교 수업이 왜 45~50분 단위로 구성되는지 아는가? 바로 학생의 집중력이 약 45분 동안만 유지되기 때문이다(한국은 각각 40분, 45분, 50분이다 — 옮긴이).

아무리 초등학생이라도 45분 수업 후 10분 휴식처럼 시간에 리듬을 만들면 5~6교시까지 집중력을 유지할 수 있다. 초등학교에서 쓰이는 시간술은 매우 합리적이다. 45분이라는 시간

단위는 우리가 초등학교 때부터 경험한 리듬이므로 우리 몸 깊숙이 배어 있다.

'게임 뇌'라는 개념을 제시한 니혼대학교 문리학부 교수 모리 아키오는 40분이 지나면 집중력에 한계가 온다고 주장했다. 따라서 컴퓨터로 작업할 때는 40~50분에 한 번씩 쉬라고 권한다.

상영 시간이 1시간인 일본 드라마를 예로 들어보자. 1시간짜리라고 해도 광고를 빼면 실제로는 45분밖에 되지 않는다. 그마저도 보통 15분씩 3등분돼 있다. 15분 간격으로 광고가 나오기 때문인데 아마 그 틈에 화장실에 다녀오는 사람도 많을 것이다. 그렇게 한숨 돌리고 나면 집중력이 완전히 리셋돼 다음 광고가 나올 때까지 15분 동안은 다시 드라마에 집중할 수 있다.

초등학교나 중학교에서 학생이 집중할 수 있도록 능숙하게 이끄는 선생님은 15분에 한 번씩 잡담이나 농담을 한다. 15분마다 '웃음'과 '이완'을 넣어 45분짜리 수업을 3등분하는 것이다.

이렇게 45분을 15분씩 3등분하면 집중에 리듬을 만들 수 있다.

90분, 축구 경기에서 집중할 수 있는 시간

45분의 2배는 90분이다.

예를 들어 축구 경기는 45분씩 90분간 하는데 전반 45분과 후반 45분 사이에 쉬는 시간이 15분 있다. 그래선지 총 90분인데도 처음부터 끝까지 집중해서 볼 수 있다.

2시간짜리 텔레비전 드라마도 광고를 빼면 대개 90분밖에 되지 않고 대학 강의도 90분 동안 진행되는 학교가 많다.

이처럼 90분은 성인이 집중할 수 있는 최대 시간으로 알려져 있다. 90분을 반으로 쪼개 중간에 휴식을 취하면 집중도가 더욱 높아진다.

인간의 몸속에도 시계가 있다

지금까지 집중력의 단위로 15분, 45분, 90분이라는 3가지 시간을 소개했는데 뇌과학적 근거가 없다는 지적이 나올 수 있으니 바로 근거를 제시하겠다.

인간 몸속에는 몇 가지 '체내 시계'가 있는데 이 시계는 아주 규칙적으로 돌아간다. 24시간 단위인 '하루 주기 리듬'이 가장 유명하다. 이 리듬 때문에 우리는 매일 같은 시간에 졸음과 배고픔을 느낀다. 다시 말해 24시간 주기로 수면욕과 식욕이 발동한다. 그뿐 아니라 체온과 호르몬도 밤이든 낮이든 관계없이 시간에 따라 규칙적으로 변한다. 하루 주기 리듬을 영어로는 'Circadian rhythm(일주기 리듬)'이라고 하는데 이 리듬은 수십 년 전 발견돼 이미 많은 연구가 진행됐다.

최근에는 조금 더 짧은 리듬에 관심이 쏠리고 있다. 바로 '하루 이내 리듬'으로 영어로는 'Ultradian rhythm(초주기 리듬)'이라고 한다. 이 리듬은 약 90분 단위다. 인간의 뇌파를 관찰하면 약 90분 주기로 각성도가 변하는 것을 볼 수 있다. 그 주기에 따라 우리 뇌에는 각성도가 높은 90분과 졸음이 쏟아지는 20분이 번갈아 나타난다.

잠을 잘 때도 렘수면과 비렘수면이 약 90분 간격으로 반복되며 각 사이클 사이에 5~20분의 공백이 있다. 깊이 잠들기 위한 사이클이 하룻밤에 3~5회 반복돼야만 건강한 수면이라고 할 수 있다.

위장의 연동운동도 90분 주기로 이뤄진다고 하니 인간의 몸이 90분이라는 리듬에 맞춰 돌아가는 것은 분명해 보인다.

뇌의 리듬을 타는 방법

집중할 수 있는 시간 단위에는 15분, 45분, 90분이 있다. 이 셋을 합쳐 나는 '15·45·90 법칙'이라고 부른다.

바닷가에서 파도가 밀려왔다 밀려가듯 우리 뇌도 집중력의 높낮이에 따라 리듬을 형성한다. 리듬을 거스르는 것이 아니라 요령껏 리듬을 타는 것, 다시 말해 '집중력의 파도타기(surfing)'는 집중력을 최대한 활용하는 기본 방법이다.

집중력의 요소에는 '집중의 깊이'와 '지속 시간'이 있다. 집중력 지속 시간은 사람마다 천차만별이다. 나처럼 글을 쓰는 사람은 15분마다 한 번씩 쉬면 집필에 속도가 붙지 않는다. 한 번 집중하면 적어도 90분 동안은 쭉 글을 써야 한다.

반면 단순한 사무 작업을 하는 사람은 90분 내리 일하기가 무척 어렵다. 그럴 때는 15분이나 30분마다 한 번씩 휴식을 취하면 무리하지 않고 일을 처리할 수 있다.

일이라는 것이 다 같아 보여도 일의 내용에 따라, 쉬운 일인지 고된 일인지에 따라 집중할 수 있는 시간이 달라진다.

한편 앞서 수면 주기가 90분이라고 했는데 최근 연구에서 이 주기에도 개인차가 있다는 사실이 밝혀졌다. 실제로는

70~110분으로 다양해 최소부터 최대까지 편차가 각 20분이다. 그러니 생물학적으로 집중력이 지속되는 시간도 개인마다 다를 수밖에 없다.

물론 집중력은 단련하면 더 오래 유지할 수 있다. 15·45·90이라는 숫자는 어디까지나 하나의 기준일 뿐이다. 누군가에게는 90분이 아닌 80분이 더 적절할 수도 있다. 중요한 것은 내게 맞는 시간을 파악하고 그 리듬에 맞춰 10~15분 정도의 휴식을 적절히 끼워 넣는 일이다. 이것이 15·45·90 법칙을 활용해 서핑하듯 뇌의 리듬을 타는 비법이다.

인터넷에서 '집중력, 지속 시간'이라고 검색하면 검색 결과로 15분, 45분, 90분이라는 숫자가 뜨는데 사실 15·45·90 법칙을 세상에 처음 소개한 사람은 바로 나다. 나보다 먼저 이 세 숫자를 나란히 표기한 사람은 본 적 없다.

실제로 집중력 지속 시간에 관한 학술 논문을 많이 찾아봤지만 관련 자료가 거의 나오지 않았다. 집중력 연구에서는 '계산 등의 인지 기능 검사', '뇌파', '안구 운동, 눈의 깜빡임' 등을 집중력의 지표로 이용하는데 이 모두가 집중력 그 자체는 아니다. 엄밀한 의미에서 집중력 지속 시간을 실시간으로 정확히 측정하는 방법은 현재까진 없다.

15·45·90의 법칙

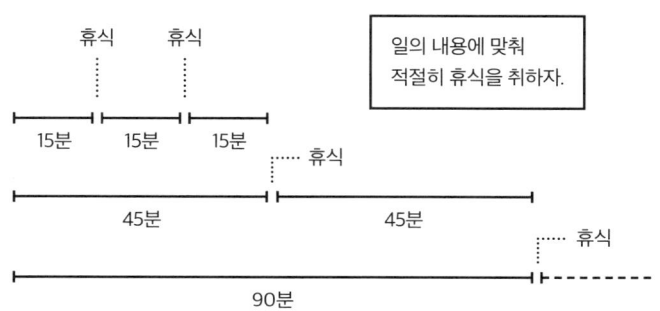

따라서 15·45·90 법칙은 어디까지나 가설에 불과하지만 집중력에 15분, 45분, 90분 같은 기준이 있다는 것은 거의 분명한 사실이다. 다시 한 번 강조하는데 내게 적절한 집중 시간을 찾고 그 흐름을 타는 것은 집중력을 높이는 데 매우 중요하다.

재미에 감춰진 집중력의 법칙

15·45·90 법칙의 타당성을 가장 잘 증명하는 것은 다름 아닌 이 장 초반에 예로 든 영화 〈007〉 시리즈다.

앞서 말했듯 〈007〉 시리즈에서 액션 신 길이는 하나당 약

15분 정도다. 그 앞에는 설명 시퀀스가 배치돼 한 파트당 20분 내외로 구성된다. 그리고 파트와 파트 사이 본드와 본드걸의 만남이 들어간다. 액션과는 전혀 상관이 없는 애정 신이다.

그런데 전혀 상관이 없는 그 신이 액션으로 긴장한 신경을 단번에 이완해 관객을 편안한 상태로 이끈다. 그렇게 집중력이 완전히 리셋돼 이어지는 15분간 액션 신에도 관객은 다시 높은 집중력을 발휘할 수 있다.

게다가 액션 신이 끝나면 영화 배경이 다른 나라로 바뀐다. 동시에 영상 분위기까지 확 바뀌니 기분 전환 효과도 극대화된다. 15분짜리 액션 신은 전·후반 약 3회씩 배치된다. 즉, 〈007〉 시리즈는 철저히 15·45·90 법칙에 따라 만들어진 셈이다.

여담이지만 액션 신이 오래 이어지면 뇌가 피로해져 잠이 온다. 영화 〈트랜스포머〉 시리즈가 좋은 예다. 이 작품에는 액션 신이 30~40분간 이어지는 대목이 있는데 화면에서는 격렬한 액션이 펼쳐지는데도 현실에서는 졸음이 밀려온다.

집중한 뒤에는 반드시 휴식을 취해야 한다. 그러지 않으면 뇌의 성능이 확실히 떨어진다.

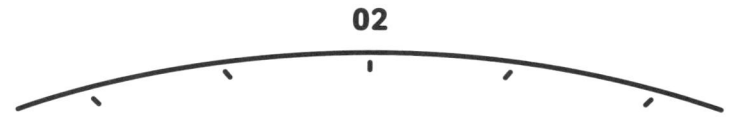

산만한 뇌를 다스리는
잡념 퇴치법

집중력의 적은 무엇일까? 바로 '잡념'이다. 잡념을 없애면 저절로 집중력이 높아진다. 어쩌면 잡념이 사라진 상태가 집중한 상태라고 정의할 수도 있을 것이다. 즉, 집중력을 높여 일을 효율적으로 처리하려면 반드시 잡념을 물리쳐야 한다.

잡념 퇴치법 1 물건에 의한 잡념

　책상 위가 텅 비어 깔끔한 상태와 서류나 읽다 만 책, 문구류로 어질러진 상태. 어느 책상에서 일이 잘될까? 두말할 필요도 없이 깔끔한 책상에서 일이 잘될 것이다.
　책상이나 주변이 어질러져 있으면 필요한 물건을 찾는 데 오랜 시간이 걸린다. 한 연구에 따르면 직장인이 물건 찾기에 들이는 시간은 1년간 150시간에 달한다고 한다.
　그런데 더 심각한 문제는 물건을 찾는 데 시간을 빼앗기는 것이 아니다. '스테이플러가 어디 갔지?', '그 서류, 어디 있지?' 하고 생각하는 순간 집중력의 끈을 놓쳐 높았던 집중도가 0으로 떨어지고 만다.
　한번 떨어진 집중력을 원래대로 회복하려면 적어도 15분은 걸린다고 한다. 신의 시간술 관점에서 보면 하루에 3번만 물건을 찾아도 무려 45분이나 손해를 보는 셈이다.

물건 정리는 곧 머릿속 정리

물 흐르듯 일하면 일의 효율을 대폭 높일 수 있다. 그러기 위해서는 책상 위, 서랍, 책상 주변과 서류함, 책장을 정리해 필요한 것을 바로바로 꺼낼 수 있어야 한다.

스테이플러를 서랍 속 정해진 자리에 놓아두면 서랍을 열고 3초 만에 꺼내 서류를 정리할 수 있다. 필요한 물건을 바로바로 꺼낼 수 있으면 일에 흐름이 생겨 집중력이 높아지고 일의 효율이 상승한다.

정리정돈에서 중요한 점은 각 물건의 '자리'를 정하는 것이다. 영수증 상자는 서류함 맨 왼쪽, 스테이플러와 셀로판테이프는 서랍 오른쪽 앞, 스테이플러나 볼펜의 심은 서랍 오른쪽 구석. 이런 식으로 자리를 정하면 필요한 물건을 바로바로 꺼낼 수 있다.

설령 정리를 하지 않고도 물건 찾기에 시간을 빼앗기지 않을 수 있다 해도 책상 위에 여러 가지 물건이 어지럽게 놓여 있으면 거기에서 잡념이 생긴다. 읽다 만 책이 있으면 '어서 이 책을 마저 읽어야 하는데' 하는 생각이 들 것이고 청구서가 담긴 봉투가 있으면 '이 요금은 아직 내지 않았는데 오늘 안에 입금해야지' 하고 생각할 것이다. 이처럼 뭔가 눈에 들어올 때마다 잡념이 생길 수밖에 없다.

깔끔한 방에서 일할 때 더 집중이 잘된다는 사실은 심리학 실험으로도 증명됐다. 어질러진 방에서 일하는 A 그룹과 깔끔하게 정리된 방에서 일하는 B 그룹을 비교한 실험으로, 두 그룹에 같은 일을 같은 시간 시킨 뒤 얼마나 오래 자제력을 유지하는지 비교했다. 그 결과 어질러진 방에서 일한 A 그룹은 B 그룹에 비해 쉽게 정신이 흐트러져 집중력이 낮아졌다.

컴퓨터 속이 깔끔한 사람은 일을 잘한다

책상 위를 치우는 것도 중요하지만 또 하나, 컴퓨터 바탕화면이나 폴더를 정리정돈하는 것도 중요하다. '어떤 파일을 확인해야겠다' 하고 마음먹었을 때 10초 안에 파일을 열면 합격이다. 여러 번 검색해 30초 이상 걸리면 집중력이 초기화되고 만다.

컴퓨터 정리는 파일을 저장하는 순간에 해야 한다. 새 파일을 만들 때 절대 바탕화면에 저장하면 안 된다. 내용을 금방 알 수 있도록 알맞은 이름을 붙여 분류된 폴더에 저장하자.

이렇게 하는 데는 약 10~15초가 걸린다. 바탕화면에 대충 'AAA' 같은 이름으로 저장하면 3초 만에 끝날지도 모른다. 하지만 나중에 그 파일을 찾으려면 시간을 그 몇 배로 들여야 한다. 게다가 찾는 행위 탓에 집중력이 0으로 떨어진다. 당장 몇 초를 아끼려다 나중에 수십 분 손해를 보는 것이다.

어차피 바탕화면이 지저분해지면 나중에 정리해야 한다. 또 파일이 여기저기 흩어져 지저분한 바탕화면은 컴퓨터 속도가 느려지는 원인이 되니 이중 삼중으로 시간이 낭비된다. 따라서 책상 위든 컴퓨터든 철저히 정리정돈해 깔끔한 상태를 유지해야 한다. 이는 집중력을 높이는 데 필수 조건이며 기본 중의 기본이다.

잡념 퇴치법 2 생각에 의한 잡념

일을 하고 있으면 여러 가지 잡념이 머릿속을 스친다.

'그러고 보니 오늘 안에 제출해야 하는 서류가 있었지.'

'아, 회의실 예약해야 하는데.'

'슬슬 배가 고프네. 오늘 점심에는 라면 먹을까?'

'A씨 메일에 답장해야 하는데.'

이런 잡념은 틀림없이 집중을 방해한다. 그리고 지금 하는 일을 중단하고 다른 일이나 작업을 시작하고 싶은 충동으로 당신을 몰아간다. 그 결과 집중력이 흐트러질 뿐 아니라 일이 중단되고 만다. 고작 1초의 잡념이 15분의 시간 낭비로 이어지는 것이다.

신경 쓰이는 것은 모두 적는다

나도 모르게 머릿속에 떠오르는 잡념을 깨끗이 없애기란 불가능할 것 같지만 꼭 그렇지만도 않다. 오히려 생각보다 간단히 없애버릴 수 있다.

위의 예시를 보면 잡념 대부분은 일정이나 계획에 관한 것이며 해야 할 일(To Do)에 해당한다. 따라서 그 내용을 스케줄러나 할 일 목록에 적자. 가능한 한 디지털 기기가 아닌 '종이'

에 적어 눈앞이나 책상 옆 등 바로 눈에 띄는 곳에 두면 좋다.

'오늘 일정', '다음 일정', '오전 중 할 일' 같은 식이다. 다음에 할 일이 신경 쓰여도 1초면 볼 수 있다. '신경 쓰이면 보면 된다' 하고 생각하면 신기하게도 더는 잡념이 생기지 않는다.

구소련 심리학자 자이가르닉은 늘 가던 카페에서 흥미로운 사실을 하나 발견했다. 카페 점원이 여러 손님의 주문을 메모도 없이 정확하게 기억했다가 주문한 메뉴를 내놓으면 곧바로 내용을 전부 잊어버리는 것이었다. 이에 자이가르닉은 심리 실험을 통해 '달성되지 않은 미완료 과제는 완료된 과제보다 기억에 더 오래 남는다'는 사실을 증명했다. 이를 '자이가르닉 효과'라고 부른다.

한편 텔레비전 방송을 보면 내용이 재밌어지려고 할 즈음 "광고 후 계속됩니다"라는 자막이 뜬다. 드라마도 다음에 어떻게 될지 궁금해지려는 순간 끝나버린다. 이 또한 자이가르닉 효과를 활용해 시청자의 주의를 집중시키고 기억을 강화하는 것이다.

인간은 해야 할 과제가 있을 때 긴장 상태에 빠진다. 과제를 마치고 나면 긴장은 풀리고 과제 자체가 자연스럽게 잊힌다. 반대로 도중에 과제가 중단되거나 달성되지 못하면 긴장 상태가 지속돼 기억에 강하게 남는다.

적고 잊어버리는 잡념 소거법

자이가르닉 효과를 달리 해석하면 진행 중인 일은 뇌의 기억 공간을 차지하지만 완료된 일은 뇌에서 말끔히 삭제된다는 뜻이다. 오늘 안에 제출해야 할 서류가 있다거나 오늘 점심에는 라면을 먹자는 등의 잡념이 자꾸 떠오르는 이유는 그것이 미완료 과제라 뇌가 긴장 상태를 유지하고 있기 때문이다.

잡념을 뇌에서 삭제하려면 어떻게 해야 할까? 앞서 말했듯 잡념을 종이에 적으면 된다. 종이에 적으면 '진행형'이 '완료형'으로 바뀐다.

'슬슬 배가 고프네. 오늘 점심에는 라면을 먹을까?' 하는 생각이 떠올랐다면 할 일 목록에 "12시 반. 라이라이켄(일본의 유명 라멘집. 도쿄라멘(쇼유라멘)의 원조인 가게다 ― 옮긴이)"이라고 적자.

'라면 먹고 싶다', '라면을 먹으러 가자' 하는 생각은 진행형이라 머릿속을 떠나지 않는다. 그러니 아예 '점심은 라면으로 하자!' 하고 결정하자. 그러면 아직 라면을 먹진 않았지만 먹으러 가기로 했으므로 뇌에서 완료형으로 바뀐다. 미완료 과제가 완료 과제로 바뀌면 뇌의 긴장이 풀려 잡념이 깨끗이 사라진다.

잡념이 생기면 적자. 그리고 적었으면 잊자.

'적는다. 그리고 잊어버린다'. 이 습관이 몸에 배면 정말 잡념이 생기지 않는다. 그리고 높은 집중력을 유지한 채 일할 수 있다.

전환하는 힘을 높이기 위한 두뇌 트레이닝

혹시 종이에 적는 것만으로는 잡념이 사라지지 않는가? 같은 생각이 자꾸 머릿속을 맴돌아 떨칠 수 없는가? 그런 사람은 주의할 필요가 있다. 잡념을 떨칠 수 없다는 것은 전두엽이 지쳐 있다는 증거이기 때문이다.

뇌에서 사고를 전환하는 역할을 담당하는 것이 전두엽이다. 특히 전두엽에 작용하는 세로토닌이라는 뇌 속 물질은 전환과 관련이 깊다.

예를 들어 교통사고 등으로 전두엽을 다친 환자는 같은 말을 되풀이하는 증상을 보인다. 또는 같은 글자를 반복해 쓰기도 한다. 신경심리학에서는 이를 '보속증'이라고 한다. 전두엽의 통제를 잃으면 다른 행위로 전환하지 못해 같은 행위를 반복한다. 이 같은 두부외상은 극단적인 사례지만 전두엽이 사고 지속과 전환에 관여한다는 사실은 뇌과학적으로 이미 수십 년 전에 증명됐다.

그런가 하면 우울증 환자는 한번 불안이나 걱정에 사로잡히면 그 생각이 자꾸 머릿속에 떠올라 떨치지 못한다. 그래서 쓸데없이 불안에 떨고 우울에 빠진다. 우울증에 걸리면 전두엽 기능이 저하되고 세로토닌 작용도 약해진다. 비록 우울증까지는 아니더라도 잠이 부족하거나 스트레스가 쌓이면 전두엽 기능이 저하된다.

즉, 일하는 동안 온갖 잡념이 떠올라 일에 집중하지 못하는 것은 피로나 스트레스가 쌓였다는 증거다. 이런 사람은 전두엽 기능이 약해졌을 가능성이 높다.

전환하는 힘이 약해진 사람은 어떻게 하면 좋을까. 전두엽의 세로토닌 기능을 활성화하면 된다. 구체적인 방법으로는 '햇볕 쬐기', '리듬 운동하기', '음식물 씹기' 등이 있다.

아침에 일찍 일어나 30분쯤 산책한 다음 아침을 먹는 습관을 들이자. 그러면 세로토닌 기능이 회복될 것이다. 물론 과로에 시달리고 있다면 일을 줄이고 잠을 충분히 자야 한다. 스트레스 요소를 없애는 것은 기본이다. 세로토닌을 활성화하는 방법은 아침 생활 습관과도 관련 있는데 이 부분은 3장에서 자세히 설명하겠다.

잡념 퇴치법 3 인간에 의한 잡념

기노시타 준지의 희곡 〈유즈루〉는 교과서에 실린 적도 있는 매우 대중적인 작품이다. 그런데 이 작품의 결말을 알고 있는가? 줄거리는 다음과 같다.

옛날에 요효라는 남자가 있었다. 어느 날 그는 우연히 덫에 걸려 신음하던 학 1마리를 구한다. 그로부터 얼마 지나지 않아 그의 집에 '쓰'라는 여성이 찾아오더니 아내로 맞아달라고 간청한다. 요효는 그를 아내로 맞이하고 둘은 부부가 돼 살기 시작한다.

그러던 어느 날 쓰는 요효에게 천을 짜는 동안 방 안을 들여다보지 말아달라고 당부한 뒤 아름다운 천을 여러 장 짜서 그에게 건넨다. 그 천이 마을에서 큰 인기를 끌자 더 많은 천을 바란 요효는 결국 아내와의 약속을 어기고 몰래 방 안을 들여다보고 만다. 그곳에는 자신의 깃털을 뽑아 천을 짜는 학이 있었다. 정체가 들통난 쓰는 요효 곁을 떠나 상처 입은 모습으로 하늘로 날아간다.

쓰가 요효를 떠난 이유는 '정체를 들켰기 때문'이라고 돼 있다. 그런데 정말 오로지 그 이유 하나 때문이었을까? 혹시 방에 틀어박힌 채 집중해서 천을 짜고 있는데 방해를 받았기 때문은 아닐까?

물론 농담이다. 하지만 집중해서 일할 때 옆에서 누군가가 방해하면 정말이지 짜증이 난다. 한 연구에서는 집중력이 높아져 있을 때 전화가 오거나 누군가 말을 걸어 집중이 깨지면 원래 상태(집중력이 높은 상태)로 되돌아가는 데 약 15분이 걸린다는 사실이 밝혀졌다.

오전 업무 시간에 2~3번 방해를 받으면 그게 1분짜리 용건이라고 해도 집중력 면에서는 30분이나 45분을 낭비하는 셈이 될지도 모른다.

나는 매일 오전에는 방에 틀어박혀 책을 쓴다. 그래서 아내에게 오전에 방에서 집필할 때는 절대 나를 부르지 말라고 당부해뒀다. 〈유즈루〉의 쓰처럼 말이다. 그래서 이를 '유즈루 업무 방식'이라고 부른다.

눈앞의 일에 완전히 집중하는 바로 그 순간 뇌의 능력이 한껏 발휘돼 일의 효율을 최대로 끌어올릴 수 있다. 방해 요소가 없어 집중할 수 있는 환경이 갖춰지면 그것만으로도 집중력이 높아져 일의 효율이 극대화된다.

무라카미 하루키의 집중 공간 업무법

소설가가 소설을 쓸 때 여관에 스스로를 가두고 소설을 완성한다는 이야기를 종종 듣는다. 왜 여관에 틀어박힐까? '인적 방해'를 차단하고 모든 잡념을 배제한 채 집중력을 높여 단숨에 집필을 마치기 위해서다.

하루키는 저서 《직업으로서의 소설가》에서 해외 카페에서 소설을 쓸 때가 많다고 말했다. 그곳에서는 아무도 말을 걸지 않아 거리 풍경에 녹아든 채 집중해서 소설을 쓸 수 있어 그 시간이 매우 즐겁다고 한다.

내가 좋아하는 집필 장소는 단골 카페다. 파란 하늘과 녹음이 보이는 창가 자리를 좋아한다. 바깥 풍경을 바라보며 우아하게 집필하면 무척 즐겁고 집중력도 높아진다. 그곳은 최대한 집중할 수 있고 온전히 틀어박혀 일할 수 있는 나만의 소중한 공간이다. 말하자면 나를 외부로부터 가둘 수 있는 일종의 집중 공간인 셈이다.

이처럼 집중 공간에서 일하는 습관이 들면 뇌는 그 장소를 기억한다. 여기는 '집중해서 일하는 곳이다' 하고 인식하는 것이다. 그럼 자연스럽게 잡념이 사라지고 뇌는 오로지 집중에만 힘쓴다. 따라서 고도의 집중력을 발휘해 효율적으로 일을 처리할 수 있다.

직장인의 유즈루 업무 방식

여기까지 읽고 나면 어떤 사람은 '직장인이라면 절대 틀어박혀 일할 수 없다' 하고 생각할지도 모른다.

그도 그럴 것이 책상 앞에 앉아 일하고 있으면 상사가 일의 진척 상황을 확인하러 오고, 후배가 질문을 하러 오고, 고객이나 거래처에서 잇따라 전화가 오기도 해서 긴장을 풀 틈이 없다. 이런 환경에서는 도저히 유즈루처럼 틀어박힐 수 없다.

직장인 친구에게 실제로 어떤지 물었더니 이런 대답이 돌아왔다.

"회의실에 가면 집중할 수 있어요. 회의실이 비어 있을 때 자료와 노트북을 들고 회의실에 틀어박히죠. 방해하는 사람이 없어서 집중해서 일할 수 있어요."

물론 직장인이라면 유즈루 업무 방식을 엄격하게 적용해 몇 시간 동안 아무도 만나지 않고 전화도 받지 않을 순 없다. 하지만 '가급적 격리된 환경에서 집중하면 일의 효율이 높아져 일이 빠르게 진행된다'는 유즈루 업무 방식의 본질을 유념하면 회의실 같은 폐쇄된 환경을 잘 활용할 수 있을 것이다.

비집중 업무는 도중에 방해를 받아도 금세 일로 돌아올 수 있지만 고도의 집중력이 필요한 집중 업무는 방해 요소가 없어 온전히 집중할 수 있는 환경에서 해야 한다.

잡념 퇴치법 4 통신에 의한 잡념

당연한 말이지만 틀어박혀 일할 때는 휴대전화 전원을 끄는 것이 기본이다. 아무리 폐쇄된 환경이라고 해도 10분에 1번

꼴로 전화가 오면 절대 집중할 수 없다. 여기에 와이파이를 꺼서 인터넷 접속까지 차단하면 훨씬 더 집중하기 좋은 환경이 된다.

90분에 1번 휴식하고 휴대전화는 그 시간에 들여다보자. '부재중 전화'가 와 있다면 확인 전화를 걸면 된다. 대다수가 전화를 바로 받지 않으면 큰일이 나는 줄 아는데 90분 동안 전화를 받지 않았다고 회사가 망하거나 10억 빚을 질 리는 없다.

참고로 내게도 휴대전화가 있지만 평소에는 가방에 넣어둔다. 벨이 울려도 들리지 않아서 전화를 곧바로 받는 경우는 별로 없다. 여유가 있을 때 들여다보고 부재중 전화가 있으면 확인차 전화한다. 몇 년을 이런식으로 살아왔는데 문제가 생긴 적은 한 번도 없다.

한편 라인이나 페이스북에 메시지가 올 때마다 알림이 울리게끔 설정해둔 사람이 있다. 내 아내도 그렇고 친한 친구 몇 명도 마찬가지다. 그런 사람과 함께 있으면 약 10분 간격으로 울리는 '띠링' 소리에 정신이 하나도 없다. 번번이 집중이 깨져 불쾌하기 짝이 없다.

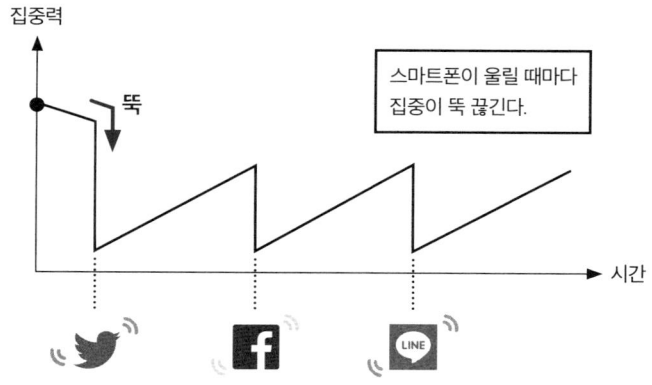

　본인은 별로 신경 쓰지 않는다고 말하지만 뇌는 무의식중에 외부 정보를 처리한다. 따라서 의식하지 못하더라도 집중력은 매번 초기화된다. 요컨대 휴대전화 알람은 계속해서 뇌를 방해하며 집중력이 높아지지 못하게 한다.

03

마감을 성과로 바꾸는
제한 시간 활용 업무법

어떻게 여름방학 숙제는 하루 만에 할 수 있는 걸까

당신은 여름방학 숙제를 개학 전날 하루 만에 해치운 적이 있는가? 많은 사람이 여름방학 숙제를 개학 하루 전이나 며칠 전쯤 한꺼번에 끝내본 경험이 있을 것이다. 그럼 차라리 방학 첫날 미리 해두면 좋을 텐데 좀처럼 그렇게 되진 않는다.

'배수진', '위기의 순간 솟구치는 초인적인 힘', '궁지에 몰린 쥐가 고양이를 문다'…… 이런 표현만 봐도 알 수 있듯 인간은 원래 위급할 때면 평소 이상의 실력을 발휘한다.

이건 결코 여름방학 숙제에만 해당되는 이야기가 아니다. 당신도 내일이 마감이거나 해서 기한이 촉박할 때처럼 위기의 순간 솟구치는 초인적인 힘을 실감한 적이 있을 것이다.

이처럼 시간에 제한이 생기면 평소보다 훨씬 효율적으로 일할 수 있다. 예를 들어 '1시간 안에 끝내기'처럼 시간 단위로 목표를 세우거나 'O월 O일까지'처럼 기한을 정하는 것만으로도 집중력이 높아지고 결과적으로 업무 효율이 상승한다.

그런데 인간은 어떻게 궁지에 몰릴 때마다 이런 엄청난 힘을 발휘할 수 있을까? 이 또한 뇌과학 관점에서 설명할 수 있다.

인간은 궁지에 몰리면 뇌에서 노르아드레날린이 분비된다. 노르아드레날린은 집중력과 학습 능력을 높여 뇌를 예민하게 만든다. 그 결과 뇌는 최고의 능력을 발휘하게 된다.

그렇다면 왜 우리 인간에게는 이렇게 훌륭한 '긴급 응원 물질'이 있는 걸까?

원시인이 검치호랑이와 맞닥뜨린 모습을 상상해보자. 검치호랑이와 싸울 것인가 아니면 부리나케 도망갈 것인가. 선택지는 2개뿐이다. 이런 상황에서 '음, 어쩌지? 뭘로 하지?' 하고 느긋하게 생각에 잠겨 있으면 틀림없이 잡아먹힐 것이다.

이렇듯 위기에 처하면 노르아드레날린이 분비된다. 생존이 달린 상황에서 올바른 판단을 하지 못하면 죽을 수도 있기 때문이다. 이때 뇌는 노르아드레날린을 분비해 즉시 집중력을 끌어올리고 두뇌 회전을 가속해 빠르고 정확한 판단을 내릴 수 있게 돕는다.

인간은 궁지에 몰렸을 때 최고의 능력을 발휘할 수 있도록 설계된 존재다. 꼭 생명이 위협받는 상황이 아니더라도 반드시 오늘 안에 끝내야 할 일이 있거나 시험이 코앞에 닥쳐 가벼운 긴장과 불안에 휩싸일 때도 노르아드레날린이 분비된다.

'3시까지 끝내고 서류를 제출하자', '내일까지 마무리해서 납품하자' 하는 식으로 마감 기한이나 제한 시간을 정하면 집중력을 높여 업무 효율을 높일 수 있다. 이게 바로 제한 시간을 활용한 업무 방식이다.

업무의 달인이 추천하는 스톱워치 활용법

제한 시간을 정하기만 해도 업무 효율이 높아진다. '이 서류는 3시까지 끝내야지', '이 서류는 1시간 안에 끝내야지' 등 스스로 마감 시간, 종료 시간을 정하기만 하면 되니 당장 오늘부터라도 실행할 수 있는 방법이다. 여기서 더 나아가 제한 시간을 정한 뒤 스톱워치를 활용해 시간을 '가시화'하면 업무 효율을 한층 더 높일 수 있다.

'이 서류는 1시간 안에 끝내야지' 하고 정한 후 스톱워치 시작 버튼을 누르자. 일 자체가 게임처럼 느껴져 동기부여가 된다. 그리고 목표를 달성하면 게임을 깬 것 같은 쾌감을 느낄 수 있다.

스톱워치가 아니라 알람으로 시간을 제한할 수도 있는데 알람은 시간 내에 일을 끝내지 못했을 때 문제가 된다. 집중력이 최고조에 달해 마지막 박차를 가하는 순간 알람이 울릴 수도 있기 때문이다. 이러면 기껏 끌어올린 집중력이 한순간에 무너질 수 있다. 따라서 알람보다는 스톱워치를 추천한다.

시간술, 독서술 등에 관한 책을 여러 권 낸 메이지대학교 사이토 다카시 교수는 항상 스톱워치를 갖고 다니며 "스톱워치 없이는 일할 수 없다"라고까지 말했다. 뇌과학자 모기 겐이치로 박사도 스톱워치 애용자로 저서에서 시간을 제한하면 일의 효율이 높아진다고 말한 바 있다.

이처럼 업무의 달인은 모두 제한 시간을 활용한 업무 방식을 실천하고 있다.

제한 시간을 설정하면 일석이조

제한 시간을 정하면 집중력이 높아지고 업무 효율이 상승한다는 사실을 처음 입증한 사람은 19세기 후반 활동한 독일 정신과 의사 에밀 크레펠린이다. 그는 한 자릿수 덧셈 문제를 1분 동안 얼마나 푸는지 시간의 흐름에 따라 측정하고 작업량 변화를 작업 곡선으로 나타냈다. 이 실험은 훗날 '크레펠린 검사'로 불렸고 현재도 이를 응용한 '우치다-크레펠린 검사'가 고용 센터나 입사 시험, 채용 시험 등에 활용되고 있다. 작업에 임하는 태도와 집중력 지속 정도를 바탕으로 직업 적성을 판단하는 것이 주된 목적이다.

크레펠린 검사에서는 많은 사람에게 공통적인 경향이 나타났다. 검사 초반에는 작업 효율이 높지만 중반에 접어들면 피로와 싫증 때문에 효율이 떨어졌고 검사 종료를 앞둔 마지막 몇 분 동안 다시 높아진 것이다.

작업을 막 시작해 효율이 높은 상태를 '초두 노력', 끝나기 직전 분발하는 상태를 '종말 노력'이라고 부른다. 즉, 시간을 정해놓고 작업하면 시작 직후와 종료 직전, 2회에 걸쳐 집중력이 높아진다.

초두 노력과 종말 노력

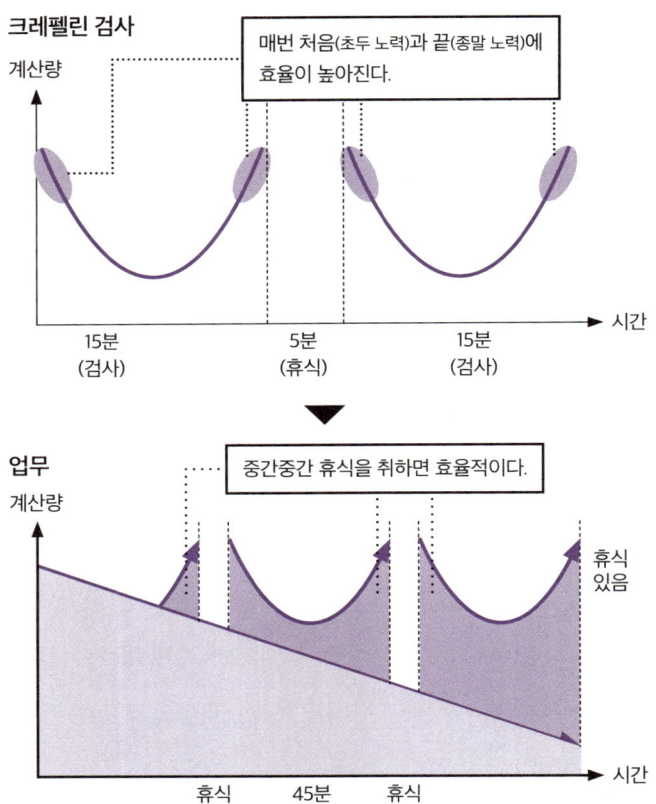

 45분짜리 일을 15분씩 세 구간으로 나누고 각각 제한 시간을 설정하자. 이렇게 하면 15분마다 초두 노력과 종말 노력이 나타나 집중력 향상 효과를 총 6회나 볼 수 있다. 반면 45분 동

안 쉼 없이 일하면 처음과 끝, 단 2회만 집중력이 높아진다.

큰 업무를 작은 업무로 분할하고 작은 업무의 시간을 제한한다. 그리고 스톱워치로 각각의 제한 시간을 가시화한다. 이렇게만 해도 집중력이 높아져 업무를 효율적으로 처리할 수 있다.

마감 기한 업무법

긴박감이나 긴장감을 느낄 때 일이 더 잘 풀린다는 것은 누구나 경험을 통해 잘 알고 있다. 나도 "한가할 때 써주세요"라는 말과 함께 짧은 원고를 청탁받을 때가 있는데 기한이 없으면 좀처럼 시작하지 못해서 결국 흐지부지되고 만다.

그래서 나는 "아무 때나 괜찮습니다"라고 해도 "그럼 이번 달 말까지 쓰겠습니다"라고 내가 마감일을 정한다. 실제로 원고를 쓰는 시점은 마감 이틀 전쯤이지만 집중해서 쓰기 때문에 꽤 완성도 높은 글이 나온다.

마감 기한을 설정하고 이를 엄수하기만 해도 집중력이 높아져 업무 효율이 상승한다. 이 방식을 실천할 때 중요한 점은 딱 하나다. 무슨 일이 있어도 마감을 미루면 안 된다는 것이다.

편집자에게 들으니 마감일을 지키지 않는 저자도 꽤 있는 모양이다. 그런 사람은 기한이 다가오면 일주일을 늦춰달라고 하고 다시 그 기한이 다가오면 일주일만 더 늦춰달라고 한다. 결국 원고는 원래 마감일에서 한 달이 지나서야 완성된다.

기한을 늦추는 버릇이 있으면 마감일을 설정해봤자 노르아드레날린이 분비되지 않는다. 어차피 마감일을 늦추면 된다는 생각이 깔려 있기 때문이다. 이런 상태에서는 뇌가 궁지에 몰렸다고 인식하지 못해 위기감이 들지 않고 결국 노르아드레날린도 분비되지 않는 것이다.

무슨 일이 있어도 기한을 지키는 사람은 긴급 응원 물질인 노르아드레날린의 힘을 빌려 마감일에 맞춰 일을 끝낼 수 있다. 반면 마감일을 자꾸 늦추는 사람은 그 효과를 보지 못해 일을 질질 끈다. 결국 앞서 언급한 게으른 저자처럼 한 달이나 시간을 낭비하게 된다.

100% 마감을 지키게 하는 시간 압박 업무법

마감일을 늦추는 버릇이 있는 사람이 기한을 지키기란 결코 쉬운 일이 아닐 것이다. 그런데 아무리 게으른 사람이라도 100% 마감일을 지킬 수 있는 방법이 있다. 실제로 나도 이 방법을 자주 쓴다.

《외우지 않는 기억법》을 집필할 때의 일이다. 보통 책의 마감일은 저자와 편집자가 사전에 상의해서 결정하는데 이 책은 9월 말을 마감일로 정했다. 그래서 나는 여기에 맞춰 10월 7일부터 11일간 미국 여행을 떠나기로 계획했다.

고생한 나 자신에게 주는 '보상'의 의미도 있었지만 그보다 마감이 9월 말이니 아무리 늦어도 여행 전날인 10월 6일까지는 원고를 끝내야 했다. 그때까지 끝내지 못하면 여행 중에 관광은커녕 꼼짝없이 원고를 써야 한다. 이처럼 '절대 피하고 싶은' 상황을 앞두고 뇌에서 분비되는 것이 노르아드레날린이다.

마감 후 일정을 잡는 것을 나는 '시간 압박 업무법'이라고 부르는데 이 발상은 방송 업계에서 착안했다. 일본 촬영 현장에서는 "바로 다음 일정이 있어서 오늘은 이만 실례하겠습니다"라는 말이 자주 쓰인다. 이렇게 일부러 시간에 쫓기는 상황을 만들면 마감 엄수 업무법을 효과적으로 활용할 수 있다.

(3장)

아침
뇌의 골든타임 기술

하루 중 가장 집중력이 높은 시간대는 '아침 시간'이다. 아침 시간을 어떻게 활용하느냐에 따라 하루가 결정된다고 해도 과언이 아니다. 특히 아침에 잠에서 깬 직후 2~3시간은 뇌의 골든타임으로 불린다고 했다. 이 장에서는 그 시간을 효율적으로 활용하는 방법을 알아보자.

01

뇌에도 골든타임이 있다

기상 직후가 골든타임인 이유

아침에 잠에서 깬 직후 2~3시간은 왜 '골든'이라고 불릴 만큼 굉장한 시간대일까?

잠을 자는 동안 우리 머릿속에서는 많은 일이 일어난다. 꿈을 통해 전날의 경험이 정리돼 아침에 눈을 뜬 직후의 뇌는 '텅 빈 책상' 같은 상태가 된다.

이렇게 여유로운 상태에서는 작업 공간을 널찍하게 쓸 수 있어 업무 효율도 빠르게 높아진다. 하지만 시간이 지나면서 책상 위에 서류와 문구가 어지럽게 쌓이듯 뇌도 점차 여러 자극과 정보로 가득 찬다.

2016년 안경 전문 업체 진스(JINS)는 집중력을 측정할 수 있는 신개념 안경 '진스 밈(JINS MEME)'을 개발했는데 이 안경을 착용한 500명의 평균 데이터를 분석한 결과가 무척 흥미롭다. 하루 중 가장 집중력이 높은 시간대는 아침 6~7시로 나타났고 9시 이후 집중력이 점차 떨어져 오후 2시에 가장 낮아졌다가 퇴근을 앞둔 오후 4~5시에 다시 높아졌다. 이 데이터는 기상 후 2시간이 하루 중 집중력이 가장 높은 뇌의 골든타임임을 완벽히 입증한다.

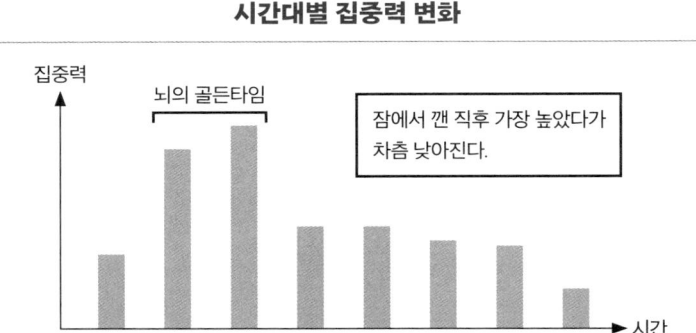

* 진스 밈 사용자 500명의 데이터를 바탕으로 작성함

집중 업무를 처리하는 데는 오전이 제격

뇌의 골든타임에 해야 할 업무로는 완성도 높은 글쓰기, 논리적 업무, 어학 공부, 어려운 서류 읽기·쓰기 등 빠른 두뇌 회전이나 집중력이 필요한 집중 업무가 적합하다.

앞서 말했듯 나는 오전을 집필 시간으로 정해뒀다. 왜냐하면 완성도 높은 글, 다시 말해 책으로 출판하기에 알맞은 글은 오전에만 쓸 수 있기 때문이다.

이메일 매거진이나 페이스북에 투고할 가벼운 글은 오후나 저녁에 써도 상관없고 심지어 지하철 안에서도 쓸 수 있다. 하지만 치밀하게 계산돼 한 글자, 한 구절의 표현이 균형 잡혀야 하는 수준 높은 글은 오전에만 쓸 수 있다.

미국 베스트셀러 작가 중《캐리》,《스탠 바이 미》,《그린 마일》등의 작품으로 잘 알려진 스티븐 킹이라는 사람이 있다. 그는 저서《유혹하는 글쓰기》에서 소설을 쓰는 그만의 노하우를 소개한다. 그 내용에 따르면 그는 하루를 다음과 같이 사용한다.

"내 일과는 정말이지 단순하다. 오전에는 집필을 한다. 오후에는 낮잠을 자고 편지를 쓴다. 저녁에는 독서를 하고 가족과 함께 레드삭스 팀의 중계방송을 보거나 절대 미룰 수 없는 수정 작업을 한다. 즉, 이 원칙에 따라 집필은 오전에 한다."

— 스티븐 킹, 『유혹하는 글쓰기』 (김영사, 2017)

 이 구절을 읽는 순간 나는 놀라움과 함께 반가운 마음이 들었다. 내 일과와 거의 비슷했기 때문이다. 특히 오전을 집필 시간으로 정해놓고 1년 365일 거의 같은 생활을 한다는 점에서 그렇다. 나 역시 매일 오전 킹처럼 글을 쓴다. 그는 수십 년간 그런 삶을 살아왔고 나도 작가가 된 이후 10년 넘게 같은 일상을 이어오고 있다.

시작 후 30분이 하루를 결정한다

02

골든타임의 중요성

미국에서 유학할 때의 일이다. 한 파티에 참석했다가 일본 기업에서 일한 적이 있다는 미국인에게 이런 질문을 받았다.

"일본인은 아침에 차를 마시고 신문을 읽던데 왜 그렇게 여유를 부리는 거지? 얼른 일을 시작하면 야근을 안 해도 될 텐데 말이야."

깜짝 놀랐다. 일본인은 근면 성실하다는 평가를 받는데 미국인의 눈에는 여유를 부리는 것처럼 비친 모양이다.

내가 일하던 연구실은 오후 5시 이후에는 한산하지만 아침에는 분주했다. 아침 8시 반에는 직원 대부분이 모여 실험 준비를 하거나 회의를 열었다.

우리는 '9시까지 출근하면 그만'이라고 생각하는데 미국인은 '9시부터 최선을 다한다'고 생각한다. 그래서 출근하자마자 본격적으로 업무를 시작한다. 커피를 마시거나 그날의 실험을 논의하는 등 '준비운동'에 해당하는 일은 그 전에 끝낸다.

앞서 미국인은 5시쯤 되면 퇴근한다고 했다. 이 말은 곧 그때까지 일이 끝나지 않으면 다음 날 아침 일찍 출근해 마저 한다는 뜻이다. 반면 대부분의 직장인은 퇴근 시간을 미루고 부족한 부분을 야근으로 메운다. 노동생산성이 높은 미국인은 아침 시간의 소중함을 잘 알고 있지만 우리에게는 그런 인식이 거의 없다.

머리가 맑은 아침에 집중해서 일하면 뇌의 골든타임을 효과적으로 활용할 수 있어 오전 업무 효율이 압도적으로 높아진다. 이러면 쓸데없이 시간을 흘려보낼 필요도, 밤늦도록 야근할 필요도 없다.

아침 30분 = 저녁 2시간 법칙

당신은 업무 시간이 되면 맨 처음 무엇을 하는가? 아마 컴퓨터를 켠 뒤 이메일이나 메시지를 확인하고 답장을 보내는 사람이 많을 것이다.

그런데 업무 시작 직후 메시지를 확인하는 것은 최대의 시간 낭비다. 그 일을 하는 것만으로도 뇌의 골든타임이 거의 다 소진되기 때문이다.

아침 기상 후 2~3시간은 뇌의 골든타임이다. 하지만 아침 7시에 일어나 몸을 씻고 식사를 마친 뒤 8시에 집을 나서면 9시에 회사에 도착한다. 그럼 뇌의 골든타임은 1시간밖에 남지 않는다. 그 1시간 중 30분가량을 이메일이나 메시지 답장에 쓰면 뇌의 골든타임은 전혀 활용되지 못한 채 끝나고 만다. 메일이나 메시지 답장은 별로 집중할 필요가 없는 대표적인 비집중 업무에 해당한다. 그런 일을 하루 중 가장 집중력이 높을 때 한다는 것은 얼마나 큰 시간 낭비인가.

극도로 집중력이 높은 30분을 잘 활용하면 집중 업무를 효율적으로 처리할 수 있다. 나는 자리에 앉자마자 집필을 시작하는데 처음 30분 동안 꽤 많은 글을, 그것도 꽤 완성도 높게 써낼 수 있다. 그래서 아침이 다른 때보다 4배는 더 가치 있게 느껴진다.

아침 30분은 저녁 2시간과 맞먹는다. 업무 시작 직후 30분간 무엇을 하면 좋을지 모르겠다면 그날의 업무 중 가장 중요한 일을 이때 처리하자. 이 시간을 잘 활용하면 퇴근 시간을 1~2시간쯤 앞당길 수도 있다. 집중력이 필요한 힘든 업무를 골든타임 동안 끝내는 것이다.

03

활기찬 아침을 여는 5가지 습관

아침의 상쾌함을 손에 넣는 방법

　기상 후 2~3시간이 머리가 한없이 맑은 뇌의 골든타임이라고 말하면 꼭 반박하는 사람이 나타난다.
　"골든타임은 무슨요. 아침에 일어나면 1시간은 머리가 멍한걸요!"
　"저는 저녁형 인간이라 아침마다 너무 힘들어요. 아침에 효율적으로 일한다는 건 절대 불가능해요!"
　이렇게 아침에 약한 사람이 많을 것이다. 그런데 아무리 아침에 약한 사람이라도 생활 습관을 조금만 바꾸면 아침부터 뇌를 잘 활용할 수 있다. 이제부터 기상 후 15분 만에 몸도 머리도 가뿐해지는 5가지 방법을 소개하겠다.

활기찬 아침을 여는 습관 1 아침 샤워

'아침에 일어나기 힘들다', '아침이 끔찍하다'. 사실 스무 살 무렵에는 나도 이렇게 생각했다. 나는 전형적인 저녁형 인간이었다. 아침에 눈뜨기가 싫어 늘 지각 직전까지 누워 있었다. 사회인이 돼서도 마찬가지였다. 아침에 잘 일어나지 못했고 9시에 출근해도 1시간은 지나야 시동이 걸렸다.

이대로는 안 되겠다 싶어 일찍 일어나는 법에 관한 책을 여러 권 찾아 읽었지만 효과를 보지 못했다. 그래서 '나는 절대 일찍 일어날 수 없는 인간이구나' 하고 포기했다.

이 정도로 아침이라면 질색하던 나였는데 한 습관을 들이고부터는 기상 후 10분이면 완전히 시동이 걸리는 인간으로 변신했다. 내 인생을 바꿔놓은 생활 습관은 바로 '아침 샤워'다.

나는 39세까지 쭉 홋카이도에서 살았고 이후 미국으로 유학을 갔다가 3년 뒤 귀국했다. 당시 작가가 되자고 결심한 나는 나고 자란 홋카이도를 떠나 도쿄로 거주지를 옮겼다. 출판은 무조건 도쿄에서 해야 한다고 굳게 믿었기 때문이다.

도쿄의 여름은 무척 덥다. 자는 동안 온몸이 땀으로 흠뻑 젖는다. 아침에 일어나면 피부가 끈적끈적할 정도다. 그 상태로 하루를 시작하면 찝찝하니 당연히 아침부터 샤워를 할 수밖에 없다.

5분쯤 샤워를 하면 정신이 번쩍 들고 기분도 상쾌해진다. 물기를 닦고 옷을 갈아입으면 책상으로 직행해 곧장 글을 써 내려간다. 그러면 어느새 1~2시간이 흘러 있고 수준 높은 글이 완성돼 있다. 아침 샤워로 완전히 스위치가 켜져 하루를 순조롭게 시작할 수 있게 된 것이다.

'나는 저녁형 인간'이라고 믿던 내가 지금은 '아침형 인간'으로 거듭나 아침부터 막힘없이 일하고 있다. 아침에 샤워하는 습관이 들면서 인생이 확 달라진 것이다. 전에 비하면 하루가 3시간은 길어진 느낌이다.

아침 샤워로 머리가 깨어나는 의학적 근거

아침 샤워가 이렇게 놀라운 효과를 내는 이유는 무엇일까? 샤워를 하면 밤의 신경(이완 신경)인 '부교감신경'에서 낮의 신경(활동 신경)인 '교감신경'으로 전환되기 때문이다.

낮 동안에는 교감신경이 우위를 점해 체온·심박수·호흡수가 올라가고 신체가 활발하게 활동할 수 있는 기반이 마련된다. 반대로 밤이 되면 부교감신경이 우위를 점해 체온과 심박수가 내려가고 신체는 활동성을 낮춘 채 이완에 들어가 수면·휴식·피로 회복에 알맞은 상태가 된다.

아침에 일어났을 때 머리가 멍한 이유는 아직 부교감신경이 우세하기 때문이다. 즉, 잠은 깼지만 머리도 몸도 '밤의 신경'의 지배를 받아 본격적인 활동이 시작되지 않은 것이다.

그럼 부교감신경을 교감신경으로 전환하려면 어떻게 해야 할까? 방법은 아주 간단하다. 부교감신경이 우위를 점한 상태에서는 체온과 심박수가 내려가니 반대로 체온과 심박수를 높이면 자연스럽게 교감신경이 우위를 점한다.

다시 말해 아침에 샤워를 하면 체온이 올라갈 뿐 아니라 몸의 혈류도 원활해지고 심박수도 높아진다. 그 결과 고작 5분 남짓한 샤워만으로도 샤워가 끝날 무렵에는 부교감신경에서 교감신경으로 확실히 전환된다. 따라서 교감신경의 스위치를 켜려면 다소 높은 온도의 물로 샤워하는 것이 좋다고 한다.

나는 1년 365일 거의 매일 아침 샤워를 한다. 안 하는 날은 드물다. 샤워를 거르면 오전에 글이 써지지 않는다. 그럼 뇌의 골든타임 3시간을 통째로 잃는다. 내게는 너무 큰 손실이다.

그렇지만 단 5분만 샤워를 하면 매우 밀도 높은 3시간을 손에 넣을 수 있다. 5분의 시간 투자로 그보다 36배 많은 시간을 버는 셈이니 이보다 효율 좋은 투자는 별로 없다.

샤워 이외에 교감신경의 스위치를 켜는 방법으로는 운동이 있다. 아침에 산책이나 러닝을 하는 것이다. 하지만 아침에 약한 사람이 당장 내일 아침부터 걷거나 달리기는 쉽지 않다. 그러니 단 5분이면 끝나는 아침 샤워부터 시작하길 권한다.

활기찬 아침을 여는 습관 2 커튼 열고 자기

'참 기분 좋구나. 정말 상쾌한 아침이야. 창문으로 비쳐 드는 햇살이 아주 따스하네.'

아침마다 찌뿌둥한 기분으로 마지못해 일어나던 내가 드물게 상쾌하고 맑은 기분으로 눈을 뜬 적이 있다. 순전히 우연하게 생긴 일이었다. 전날 밤 회식하고 집에 돌아와 침대에 잠깐 누웠다가 그만 커튼도 치지 않고 그대로 잠들어버린 것이다. 덕분에 다음 날 아침 창문으로 기분 좋은 햇살이 비쳐 들었고 나는 상쾌한 기분으로 눈을 뜰 수 있었다. 이날 이후 커튼을 열고 잤더니 매일 기분 좋게 눈이 떠졌을 뿐 아니라 오전 내내 머리가 맑았다.

'아침 샤워'와 '커튼 열고 자기'. 이 2가지 습관을 실천하자 저녁형 인간이던 내가 완전히 아침형 인간으로 바뀌었다.

원래는 커튼을 치고 자는 것이 일반적이며 밤에 커튼이 열려 있으면 방범상으로도 좋지 않다. 그래서 내 제안이 상식에 어긋난다고 생각하는 사람도 있을 것이다. 하지만 커튼을 열고 자면 창문으로 아침 햇살이 비쳐 들어 알람을 맞추지 않아도 자연스럽게 눈이 떠진다.

아침이 되면 뇌에 지령을 내리는 물질은?

왜 커튼을 열고 자면 상쾌하게 잠에서 깨어 기분 좋은 아침을 맞이할 수 있을까?

아침에 햇빛을 받으면 세로토닌이라는 뇌 속 물질이 활성화되기 때문이다. 세로토닌은 수면과 각성을 조절하는 뇌 속 물질이다. 해가 떠서 햇빛이 망막으로 들어오면 그 빛 자극은 중뇌를 거쳐 뇌간에 있는 '봉선핵'이라는 부위에 전달된다. 그러면 세로토닌이 합성되기 시작한다.

세로토닌은 '뇌 속 오케스트라의 지휘자'라고도 불리며 수면과 각성 리듬, 즉 신체의 하루 리듬을 도맡아 관리한다. 오케스트라 연주는 지휘자가 지휘봉을 휘두르면 시작된다. 반면 뇌의 각성이라는 연주는 빛 자극에 의해 시작된다. 빛의 신호를 받은 봉선핵이 지휘봉을 휘두르면, 즉 "세로토닌 합성을 시작하라"라는 지령을 내리면 하루 활동이 시작되는 것이다.

해가 뜨는 것과 동시에 세로토닌의 합성과 분비가 활발해졌다가 낮부터 밤까지 점차 그 수준이 낮아진다. 그리고 비렘수면 중에는 세로토닌이 전혀 분비되지 않는다.

세로토닌이 분비되면 '오늘 하루도 힘내자' 하는 마음이 든다. 몸에 기운이 넘치고 기분이 명랑해진다. 머리도 맑아져 바로 일할 수 있는 상태가 된다.

세로토닌 수치가 낮으면 우울증에 걸릴까?

반대로 세로토닌 수치가 떨어지면 기분이 우울해진다. 아침에 눈을 떴을 때 '아무것도 하고 싶지 않다', '이불 속에서 나가기 싫다', '이대로 계속 자고 싶다' 같은 생각이 든다면 세로토닌 신경이 약해져 있다는 증거다.

이 상태가 지속되면 세로토닌 분비량이 더욱 감소해 우울증에 걸린다. 우울증 환자는 공통적으로 아침에 눈을 뜨기 힘들다고 호소하는 경향이 있다. 그러면 당연히 의욕도, 기운도 없고 활력도 돌지 않는다.

렘수면 중에는 세로토닌 신경이 거의 활동을 멈추기 때문에 기상 직후 뇌 속 세로토닌 농도는 0에 가까운 상태다. 그래서 아침에 일어났을 때 '기분이 별로다', '일어나기 싫다', '더 자고 싶다' 하는 생각이 드는 것은 당연하다.

아침에 약한 사람이 입는 손실

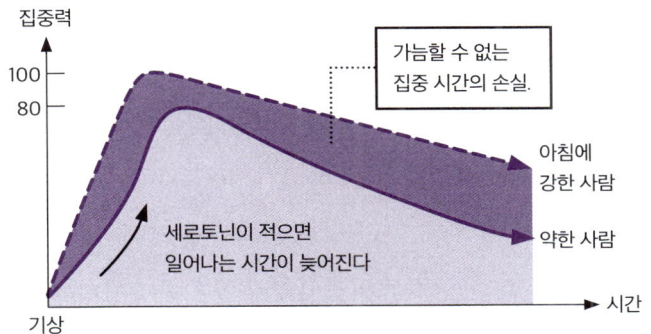

특히 커튼을 닫고 자면 알람 소리에 눈을 뜬 순간 망막으로 빛 자극이 들어오지 않아 세로토닌 분비가 시작되지 않는다. 이럴 땐 기분이 엉망일 수밖에 없다. 하지만 커튼을 열고 자면 상황이 달라진다. 아침 해가 떴을 때 창문으로 햇살이 비쳐 든다. 그러면 눈꺼풀이 닫혀 있다고 해도 빛이 망막을 자극해 뇌의 봉선핵에서 세로토닌 합성이 서서히 시작된다.

슬슬 잠에서 깨어 '이제 일어날까' 하고 생각한 순간에는 뇌 속 세로토닌 농도가 일정 수준에 도달해 있다. 따라서 커튼을 열고만 자도 상쾌한 기분으로 일어날 수 있는 것이다.

활기찬 아침을 여는 습관 3 부동명왕 기상법

아침 햇빛을 받으며 자연스럽게 기상하는 습관이 몸에 배면 알람이 울리기 전에 산뜻한 기분으로 눈을 뜰 수 있다. 그런데 "커튼을 열고 잤는데 별로 효과가 없어요……"라고 말하는 사람도 있을지 모른다. 특히 심한 저녁형 인간이라면 그럴 수 있다. 이 경우 세로토닌 신경이 약해져 있을 가능성이 높다.

그런 사람은 알람이 울렸을 때 바로 일어나지 말고 5분간 눈을 뜬 채 가만히 누워 있어보자. 아침에 약한 사람 대다수가 '5분, 아니 10분만 더 자고 싶다'하며 눈을 감아버린다. 하지만 바로 그 순간만 견디면 기분 좋게 하루를 시작할 수 있다.

세로토닌을 합성하는 데는 햇빛이 필요하다. 2,500룩스의 빛을 5분 이상 쐬면 세로토닌이 합성되기 시작한다. 커튼을 열고 자면 볕이 거의 들지 않는 방이 아닌 이상 2,500룩스 이상의 빛을 쐴 수 있다.

아침 해가 드는 방에서 5분만 눈을 뜬 채 누워 있으면 세로토닌 스위치가 켜져 찌뿌둥하고 불쾌하던 기분이 맑고 산뜻하게 바뀔 것이다. 효과는 확실하니 꼭 시도해보길 바란다.

5분이 길다면 3분이라도 좋다. 아니, 단 1분만이라도 눈을 크게 뜨고 있으면 잠기운이 가시면서 불쾌함도 순식간에 사라진다. 나는 불과 1분 정도만 눈을 뜨고 있어도 머릿속이 맑아진다. 그 1분 동안 오늘 하루 무엇을 할지 떠올리며 멋진 하루를 그려본다.

부동명왕(8대 명왕의 하나로 중생을 구제하기 위해 분노한 모습으로 나타나는 불교의 수호신―옮긴이)처럼 눈을 부릅뜨고만 있어도 개운하게 잠에서 깰 수 있다. 그래서 나는 이 방법을 '부동명왕 기상법'이라고 부른다. 이 방법을 실천하면 머리가 맑아질 뿐 아니라 하루를 힘차게 시작할 힘이 생겨 상쾌한 아침을 맞이할 수 있다.

활기찬 아침을 여는 습관 4 리듬 운동

앞서 말했듯 아침에 세로토닌을 활성화하면 하루를 상쾌하게 시작할 수 있기 때문에 햇빛을 쐬는 일은 매우 중요하다. 그런데 세로토닌을 활성화하는 방법은 햇빛 쐬기 외에도 또 있다. 그중 하나가 '리듬 운동'이다.

리듬 운동이란 '하나, 둘, 하나, 둘' 구령에 맞춰 몸을 움직이는 리드미컬한 운동을 말한다. 워킹이나 조깅, 계단 오르내리기, 목 돌리기, 체조, 수영, 골프 스윙 연습처럼 본격적인 운동부터 심호흡, 낭독, 독경, 발성이나 노래 연습처럼 아주 간단한 것까지 종류는 아주 다양하다.

세로토닌을 활성화하기 위한 리듬 운동은 적어도 5분은 해야 하지만 너무 오래 할 필요는 없다. 과하면 신경이 피로해져 역효과가 날 수 있다.

가장 간단한 운동은 걷기다. 특히 아침 산책을 적극 추천한다. 아침에 일어난 뒤 15~30분 정도 조금 빠른 걸음으로 바깥을 걸어보자. 햇빛도 쐴 수 있고 운동도 돼 세로토닌 활성화에 2배로 효과적이다.

활기찬 아침을 여는 습관 5 아침 식사

아침에 일어나기 힘들어하는 사람은 아침을 거르는 경우가 많다. 지각 직전까지 자니 아침을 먹을 여유가 없고 몸이 덜 깨서 식욕도 돌지 않기 때문이다. 그렇지만 아침에 일어나기 힘든 사람일수록 아침밥을 챙겨 먹어야 한다.

그 이유는 바로 '씹는 행위'에 있다. 음식을 씹으면 뇌를 각성시킬 수 있기 때문이다. 씹기 역시 세로토닌을 활성화하는 효과적인 방법 중 하나다. 음식을 씹으면서 턱 근육이 리듬감 있게 수축·이완을 반복해 자연스럽게 리듬 운동이 되고 이로 인해 세로토닌 분비가 촉진되는 긍정적인 효과를 얻을 수 있다.

음식을 씹기만 해도 세로토닌이 활성화된다니 이보다 쉬운 방법이 또 있을까? 아침밥을 꼭꼭 씹어 먹기만 해도 식사가 끝날 즈음에는 세로토닌 스위치가 켜지면서 뇌가 각성 모드로 전환된다.

그렇다고 아무거나 먹으면 안 된다

아침이나 오전에 머리가 멍한 사람은 저혈당일 가능성이 있다. 아침에 잠에서 깬 직후는 하루 중 가장 혈당치가 낮은 시간대다. 뇌는 전체 몸무게의 2%밖에 차지하지 않지만 총에너지의 20%나 소비한다. 뇌의 에너지원은 혈중 포도당이라 저혈당 상태에서는 에너지가 부족해 뇌가 최고의 능력을 발휘할 수 없다. 아침에 일어나기 힘들고 머리가 멍하다면 뇌에 에너지가 부족한 것일 수도 있다. 그러니 아침밥은 꼬박꼬박 챙겨 먹도록 하자.

세로토닌을 활성화하는 데 유용한 아침 식사법으로 '한 입에 20번 이상 꼭꼭 씹어 삼키기'가 있다. 간단해 보이지만 의외로 어려운 방법이다.

아침에 일어나기 힘들어하는 사람은 식사도 몇 분 만에 서둘러 마치는 경향이 있다. 그런데 음식을 꼭꼭 씹어서 먹지 않으면 세로토닌은 활성화되지 않는다. 또 시리얼, 에너지 젤리, 물에 만 밥, 햄버거 같은 패스트푸드는 식감이 부드러워 많이 씹지 않아도 삼킬 수 있기 때문에 세로토닌 활성화에 도움이 되지 않는다.

반면 현미밥이나 잡곡밥은 식감이 거칠어 꼭꼭 씹어야 하니 나도 모르는 사이 씹는 습관을 들일 수 있다. 따라서 흰쌀밥의 대안으로 추천한다.

절대로 피해야 할 아침 습관

지금까지 하루를 빠르게 시작하기 위한 아침 습관을 설명했다. 그런데 단 하나, 뇌의 골든타임을 망치지 않기 위해 절대로 피해야 할 일이 있다.

바로 '텔레비전 시청'이다. 아침에 아침밥을 먹거나 출근 준비를 하며 텔레비전 정보 방송을 틀어놓는 사람이 많을 것이다. 이들은 '하루를 시작할 때 뉴스에서 정보를 얻어야 한다'고 믿는다. 그중에는 '운세 코너가 시작되면 집을 나선다' 하는 식으로 프로그램을 출근 기준으로 삼는 사람도 있을지 모른다.

하지만 아침에 텔레비전을 보는 일만큼은 절대 추천하지 않는다. 가장 집중력이 높은 시간대인 뇌의 골든타임이 완전히 날아가 버리기 때문이다.

아침에 눈을 뜬 직후 우리 뇌는 깨끗이 정리된 책상 위와 같다고 했다. 그런데 텔레비전은 그야말로 정보의 폭풍이다. 텔레비전을 보면 그 말끔한 책상에 방대한 자료를 퍼붓는 것과 다름없어서 정리된 뇌가 순식간에 복잡해지고 만다. 그 상태에서 높은 집중력을 유지하기는 힘들다.

뇌의 골든타임은 기상 후 2~3시간이라고 여러 번 강조했는데 사실 그 시간을 4~5시간까지 연장할 수도 있다. 잘 정리돼 깨끗한 책상 위를 어지럽히지 않으면 된다. 반대로 뇌 공간을 어지럽히면 뇌의 골든타임은 순식간에 끝난다.

즉, 쓸데없는 생각이나 고민을 완전히 차단한 채 여러 일에 손대지 말고 하나의 일에만 몰두하는 것이다. 그럼 뇌의 작업 공간이 복잡해지지 않는다. 집중해서 일하다 보면 어느새 오후 2시쯤 돼 있고 '아, 벌써 시간이 이렇게 됐구나' 하고 생각하는 일이 종종 생긴다.

뇌의 골든타임을 최대한 늘리려면 오전에 쓸데없는 정보를 받아들이지 말고 '차단'해야 한다. 일단 내게 가장 중요한 집중 업무, 그 하나에만 전념하자.

04

인생을 바꾸는
아침의 2시간

직장인에게 남은 최후의 카드

기상 후 2~3시간 동안 뇌의 골든타임을 잘 활용하자고 말했지만 많은 직장인에게는 사실상 불가능에 가까운 일일지도 모른다. 아침에 일어나 씻고 밥을 먹고 출근 준비를 하는 데 1시간, 회사에 가는 데 또 1시간을 빼앗기고 나면 막상 사무실에 도착했을 때는 뇌의 골든타임이 거의 끝나 있기 때문이다.

직장인이 뇌의 골든타임을 온전히 활용하려면 일찍 일어나 움직이는 수밖에 없다. 2시간 일찍 일어나 붐비기 전 지하철에 올라타고 자리에 앉아 편안히 독서를 하다가 회사 근처 카페에서 나만의 시간을 보내는 것이다.

실제로 아침 8시경 사무실 밀집 거리의 카페에는 혼자만의 시간을 의미 있게 보내는 직장인이 제법 눈에 띈다. 참고서나 문제집으로 자격증 시험을 준비하는 사람, 영어로 된 논문이나 자료를 읽는 사람, 진지하게 책을 들여다보는 사람……. 또 어떤 사람은 노트북을 펼쳐놓고 맹렬한 속도로 키보드를 두드리기도 한다. 집중력이 높은 시간대를 유용하게 쓰려는 열정적인 직장인이 아침 카페를 가득 메우고 있는 것이다.

전화벨이 울리지 않는다는 것도 아침 시간대의 장점이다. 9시에 업무가 시작되면 온갖 전화가 걸려 오지만 9시 전에는 거의 그럴 일이 없다. 이런저런 이유로 아침 카페는 틀어박혀 일하기에 제격인 공간이다. 이곳에서 보내는 아침 2시간은 직장인에게 최고의 자기계발 시간이 될 수 있다.

매일 아침 일찍 일어나 자기계발에 2시간씩 쓴다고 가정해 보자. 일주일에 5일이면 10시간, 한 달이면 40시간, 1년이면 무려 480시간에 달한다. 이 정도면 자격증을 따기에 충분하고 어학 실력도 눈에 띄게 향상될 수 있다. 이 시간을 독서에 쓰면 책 100권은 거뜬히 읽을 수 있다.

퇴근 후에는 몸도 머리도 지쳐 열심히 공부할 수 없다. 억지로 하려고 해도 효율이 너무 떨어진다. 직장인이 질 높은 자기 계발 시간을 확보하려면 결국 일찍 일어나는 수밖에 없다.

출근 후 맨 처음 해야 하는 일

앞서 출근 직후 이메일이나 메시지를 확인하지 말라고 당부했는데 그럼 출근해서 맨 처음에는 무슨 일을 해야 할까?

먼저 업무를 알맞은 시간에 배치해야 한다. 집중 시간술의 핵심이 바로 이것인데 집중력이 필요한 일은 집중력이 높은 시간대에 해야 효율적이다.

일단 할 일 목록을 작성하자. 하루 안에 꼭 해야 할 일을 쭉 적는 것이다. 그다음 그 일들을 어떤 순서로 처리할지 정한다. 이때 일의 흐름에 따라 하루 일과를 머릿속에 그려보면 도움이 된다. 마지막으로 가장 집중력을 요하는 업무에 '☆' 표시를 한다. 이 표시가 있는 업무는 오전 내로 가장 먼저 처리해야 한다.

기존 방식에서는 할 일 목록을 작성할 때 중요도나 긴급도만 고려해 우선순위를 정한다. 하지만 나는 여기에 '집중도'(집중력이 얼마나 필요한지)를 더하고 있다. 높은 집중도가 필요한 일이 중요도나 긴급도가 낮다는 이유로 계속 미뤄지는 경우가 많기 때문이다.

'몰입(flow)'이라고 불리는 높은 집중 상태에 돌입하기 위해서는 일하는 도중 '다음에 뭐 하지……' 하고 생각하지 않는 것이 중요하다. 그런 생각을 하는 순간 높았던 집중력이 초기화되고 만다. 그러면 눈앞의 업무에서 벗어나 더 쉬운 업무로 옮겨가기 십상이다.

'다음에 뭐 하지' 하는 생각은 강렬한 잡념이다. 집중력을 잃지 않고 업무를 효율적으로 처리하기 위해서는 컨베이어 벨트처럼 막힘없이 물 흐르듯 일의 흐름을 이어가는 것이 매우 중요하다.

그러므로 할 일 목록을 잘 활용하자. 할 일 목록이 눈에 잘 보이는 곳에 있으면 다음에 무엇을 할지 생각할 필요 없이 목록을 힐긋 보고 재빨리 다음 일로 넘어가면 그만이다.

(4장)

낮
오후의 뇌 리셋 방법

오전에 맑은 정신으로 열심히 일하다 보면 당연히 뇌도 몸도 지치기 마련이다. 집중력도 점점 떨어진다. 그럴 때 간단히 집중력을 회복할 수 있는 '집중력 리셋 버튼'이 있다.
이 장에서는 그 방법을 설명하겠다.

01

최고의 점심을 위한 뇌 사용법

완전한 리셋으로 오후에 쓸 에너지를 비축하자

점심 이후의 시간술은 기본적으로 얼마나 효과적으로 집중력을 회복하는지에 달려 있다. 이 시간에 집중력을 얼마나 효과적으로 리셋하느냐에 따라 오후 업무의 질이 달라진다고 해도 과언이 아니다. 점심시간, 오후, 저녁 등 각 시간대에 맞는 최적의 리셋 전략을 구사하는 것이 오후 시간 활용과 업무 효율 향상의 핵심이다.

오후 업무의 효율을 높이려면 무엇보다 점심시간을 잘 활용하는 것이 중요하다. 당신은 점심을 어디에서 먹는가? 바쁘다는 이유로 밖에 밥을 먹으러 나가는 시간이 아깝다며 자기 자리에서 도시락으로 때우거나 구내식당에서 급하게 해결하는 사람도 많지 않을까? 아니면 점심시간을 반납한 채 주먹밥이나 샌드위치를 사 와서 일하며 먹는 사람도 있을지 모른다.

그러나 바쁠수록 점심은 나가서 먹어야 한다. 외식이야말로 최고의 집중력 리셋 비결이기 때문이다. 점심시간은 집중력을 회복할 절호의 기회다. 이 시간을 어떻게 보내느냐에 따라 40~50%까지 떨어진 집중력을 90%까지 끌어올릴 수 있다. 만약 제대로 쉬지 못해 회복 수준이 60~70%에 그친다면 오후에는 20~30% 부족한 집중력으로 일할 수밖에 없다. 점심시간 60분을 아낀 대가로 그 2배에 해당하는 시간을 잃는 셈이다. 결국 일이 제때 끝나지 않아 야근을 하게 된다.

나는 오전에는 방에 틀어박혀 집필에 전념하지만 점심때가 돼 뇌가 지치고 배가 고파지면 반드시 밖에 나가 식사를 한다. 매년 점심 식사의 80% 이상을 밖에서 해결한다. 내가 이렇게까지 외식을 고집하는 뇌과학적인 이유가 무엇인지 자세히 설명하겠다.

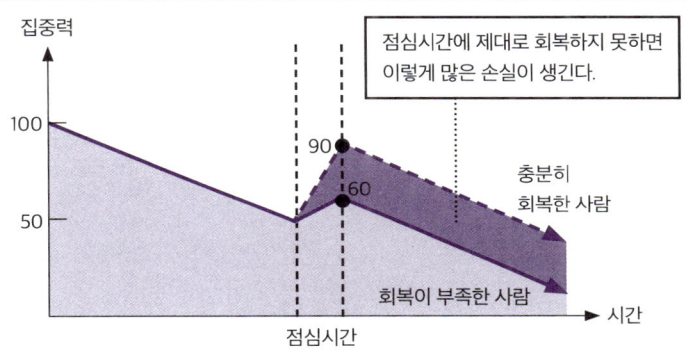

점심의 회복법 1 세로토닌 활성화로 평상심 되찾기

점심시간에 외식을 하면 세로토닌이 활성화된다. 세로토닌은 치유, 이완, 평상심 등과 관련된 뇌 속 물질이다. 세로토닌 수치가 낮아지면 짜증이 늘고 작은 일에도 쉽게 화가 난다. 그리고 의욕도 떨어진다.

오전 내내 일하다 보면 세로토닌 수치가 떨어지기 시작한다. 이럴 때는 세로토닌을 활성화해야 한다. 세로토닌 수치가 회복되면 마음이 밝아지고 기분이 전환돼 오후 업무도 수월하게 풀린다.

세로토닌을 활성화하는 방법은 3가지다. 바로 2장에서 소개한 '햇빛 쐬기', '리듬 운동하기', '씹기'다.

예를 들어 회사에서 식당까지 파란 하늘 아래를 5분 정도 걸어가 밥을 먹는 것만으로도 이 3가지 조건이 모두 충족돼 세로토닌이 활성화된다. 단, 그저 식사를 마치는 것이 아니라 '햇빛을 쐬고', 짧은 거리라도 '걸었다'는 사실이 중요하다.

엘리베이터를 타고 같은 건물 지하에 있는 식당가에서 끼니를 때우는 것은 집중력 리셋에 도움이 되지 않는다. 햇빛을 쐬지도 않았고 거의 걷지도 않았기 때문이다.

중요한 점은 3가지 조건을 고루 갖추는 것이다. 따라서 꼭 식당을 이용할 필요는 없다. 편의점에서 산 음식이나 집에서 싸 온 도시락을 들고 근처 공원까지 걸어가 그곳에서 먹어도 좋다. 엄밀히 말하면 외식은 아니지만 세로토닌 활성화 효과는 충분히 누릴 수 있다. 이렇게 집중력을 회복하면 오후 업무 효율을 크게 높일 수 있다.

세로토닌 활성화 식사법

그럼 점심에 어떤 음식을 먹어야 집중력을 효과적으로 리셋할 수 있을까?

영양소 이야기를 하자면 끝이 없을 테니 여기서는 다루지 않겠다. 다만 앞서 말했듯 거친 음식을 꼭꼭 씹어 먹는 것이 중요하다. 국수 같은 것을 자리에 선 채 제대로 씹지도 않고 5분 만에 허겁지겁 먹으면 세로토닌 회복 효과를 볼 수 없다. 10분 이상 제대로 씹어야 세로토닌 활성 효과가 나타나니 점심을 서둘러 먹으면 집중력을 리셋할 수 없다는 사실을 명심하자.

또 리듬 운동이나 식사를 할 때 언어 뇌를 사용하면 세로토닌 활성 효과가 떨어진다. 즉, 밥을 먹으면서 독서나 업무, 복잡한 생각을 하면 세로토닌 활성 효과가 떨어진다는 뜻이다.

거친 음식을 10분 이상 시간을 들여 꼭꼭 씹어 먹고 식사에 집중하는 것. 이것이야말로 세로토닌을 활성화하는 데 가장 효과적인 식사법이라고 할 수 있다.

점심의 회복법 2 장소 뉴런 효과로 기억력 높이기

'걷기', '이동하기', '장소 바꾸기'는 뇌에 긍정적인 영향을 준다. 이동할 때 '장소 뉴런'이 활성화되기 때문이다.

장소 뉴런이란 해마에 있는 장소 담당 세포로 원래 내가 어디에 있는지 기억하는 데 필요한 세포다. 장소 뉴런이 활성화되면 해마 전체가 활성화돼 기억력이 강해진다. '걸으면서 공부하면 기억에 오래 남는다'는 말이 뇌과학적으로 옳은 셈이다.

해마는 기억의 임시 보관함이다. 뇌에 입력된 모든 정보는 해마에 잠시 저장된다. 공부를 하고 일을 한다는 것은 곧 해마를 사용한다는 뜻이다. 그러니 해마가 활성화되면 기억력이 좋아져 공부와 업무에 가속도가 붙는다.

장소 뉴런은 낯선 장소에 가면 더욱 활성화된다. 어차피 점심을 먹을 거라면 늘 가던 곳 대신 새로운 곳에 가보자. 평소 잘 다니지 않던 뒷골목을 걸으며 식당을 찾는 것도 효과적이다.

점심의 회복법 3 아세틸콜린 활성화로 영감 떠올리기

당신은 점심을 주로 밖에서 해결하는 편인가? 그럼 익숙한 가게에서 늘 같은 메뉴를 고수하는 '단골파'인가 아니면 낯선 가게에서 색다른 메뉴에 도전하는 '식도락파'인가?

아마도 외식을 즐기는 사람이라면 둘 중 하나에 속할 것이다. 늘 가던 가게에서 절대 실망하지 않을 단골 메뉴를 먹는 것도 나쁘진 않지만 효과적인 리셋을 위해 가끔은 새로운 가게에서 평소와 다른 메뉴에 도전해보자.

평소와 다른 행동을 할 때 뇌에서는 아세틸콜린이 활성화된다. 이는 '습관'과 '도전'이라는 단어로 쉽게 설명할 수 있다. 습관적으로 평소와 같은 자극을 추구하면 마음은 편하지만 뇌가 자극되진 않는다. 반면 도전적으로 '맛있는 식당인지 어떤지 알 수 없지만 한번 들어가 보자', '이 메뉴는 처음이지만 먹어보자' 하고 생각하면 뇌 속 아세틸콜린이 활성화된다.

아세틸콜린은 '아이디어'나 '영감'을 번뜩이게 한다. 말하자면 창조성을 발휘해 프로젝트를 기획하는 일과 깊은 관련이 있는 물질이다. 따라서 점심시간에 평소와 다른 행동을 하기로 마음만 먹어도 아세틸콜린이 활성화돼 뇌에 활기가 돈다.

02
낮잠에도
기술이 필요하다

낮잠의 뇌과학적 효과

    정신과 의사 2년 차에 접어들었을 무렵 나는 홋카이도 아사히카와에 위치한 어느 병원에서 근무하고 있었다. 도호쿠 지구의 거점 병원으로 도호쿠에서 가장 바쁘기로 유명한 곳이었다. 정신과도 예외는 아니어서 엄청나게 많은 외래환자가 몰려들었다. 원래 정신과 외래는 오전에 많아야 30명이 한계인데 그곳에서는 50명 이상의 환자를 봐야 했다. 5분씩 4시간 동안 쉬지 않고 진료해야 겨우 끝날 만큼 가혹한 환경이었다.

정신과 진료는 의자에 앉아 이야기를 듣기만 하면 되는 것처럼 보이지만 내용에 깊이 집중하다 보면 생각보다 체력과 정신력이 많이 소모된다. 오후 1시 반, 진료를 마치고 점심을 먹은 뒤 소파에 누우면 피곤에 절어 도저히 몸을 일으킬 수 없었다. 오후에는 병동을 회진해야 했지만 그런 녹초 상태로는 발걸음을 떼기조차 쉽지 않았다.

그 당시 나의 해결책은 낮잠이었다. 점심을 먹고 남은 시간을 모조리 낮잠에 쏟아부었는데 그러다 보니 낮잠 시간은 자연히 30분이 됐다. 그런데 이 짧은 시간 동안 뇌와 신체의 피로가 급속도로 회복됐다. 신입 의사 시절, 이 30분의 낮잠이 내게 얼마나 소중했는지 모른다.

25년 전만 해도 낮잠의 효과가 과학적으로 충분히 입증되지 않았었다. 하지만 현재는 낮잠이 뇌의 피로와 집중력을 회복하는 데 큰 도움이 되며 질병 예방에도 효과적이라는 사실이 널리 알려져 있다.

낮잠은 집중력이나 기억력 같은 능력을 전반적으로 개선한다. 미국 항공우주국(NASA) 연구에 따르면 26분간 낮잠을 잔 결과 업무 효율이 34%, 주의력이 54% 높아졌다고 한다.

미국에는 수면실이나 냅팟(nap pod)이라고 불리는 수면 기구를 도입하는 기업이 늘고 있다. 구글이나 나이키 같은 대기업에도 이런 시설이 도입돼 있다. 그런가 하면 2014년 일본 후생노동성의 〈건강 증진을 위한 수면 지침〉이 11년 만에 개정됐는데 여기에는 다음과 같은 구절이 포함됐다.

"졸음으로 인해 떨어진 오후의 업무 효율을 높이는 데는 낮잠이 도움됩니다. 특히 이른 오후, 30분 이내의 짧은 낮잠은 졸음으로 인한 작업 능률 저하를 개선하는 데 효과적입니다."

낮잠의 효과를 국가가 나서서 인정한 셈이다.

최적의 낮잠 시간은 20~30분

낮잠에는 뇌를 리셋하는 막강한 효과가 있다. 그런데 낮잠 시간은 몇 분이 가장 좋을까. 이에 관해서는 다양한 연구가 이뤄졌는데 20~30분이 가장 적당하다는 기록이 있다.

낮잠 시간이 30분을 넘으면 효과가 서서히 떨어지고 1시간이 지나면 오히려 뇌 기능과 몸 건강에 악영향을 미친다고 한다. 이는 뇌가 깊은 수면에 접어들어 깨어난 후에도 쉽게 제 기능을 회복하지 못하기 때문이다. 게다가 밤잠을 방해해 불면의 원인이 되기도 한다.

또 낮잠은 가급적 오후 3시 이전에 끝내야 한다. 늦은 오후의 낮잠도 자칫 불면으로 이어질 수 있다.

낮잠이 건강에 미치는 영향과 관련해 하루 30분 이하의 낮잠은 알츠하이머병 발병 위험을 5분의 1로 낮춘다는 연구 결과가 있다. 그러나 1시간 이상의 낮잠은 오히려 알츠하이머병 위험을 2배로 높인다고 한다.

한편 일하는 남성이 일주일에 3번 이상 30분씩 낮잠을 잘 경우 사망률이 37% 낮아졌고 특히 심장병으로 인한 사망률은 64%나 낮게 나타났다는 연구 결과도 있다. 당뇨병도 마찬가지다. 매일 30분 정도 낮잠을 자는 사람은 당뇨병에 걸릴 위험이 낮고 반대로 1시간 이상 자는 사람은 오히려 당뇨병 위험이 높아졌다고 한다.

이런 데이터를 종합해보면 하루 30분 내외의 낮잠은 피로 회복뿐 아니라 치매 예방, 심장병 예방, 당뇨병 예방 및 신체 건강 관점에서 매우 바람직하다. 반면 1시간이 넘는 낮잠은 건강에 좋지 않다는 결론을 내릴 수 있다.

효과적인 낮잠법

낮잠을 효과적으로 자기 위해서는 어떻게 해야 할까?

물론 평평한 곳에 누워서 자는 것이 가장 좋겠지만 의자에 앉아 책상 위에 엎드려 자는 방법도 꽤 효과적이다. 또는 잠들기 전 커피, 녹차 등 카페인을 섭취하면 약 30분 후 그 효과가 나타나 자연스럽게 눈을 뜰 수 있다. 점심시간이 1시간이라면 30분간 식사하고 남은 시간을 낮잠에 쓰면 약 20~30분을 낮잠 시간으로 확보할 수 있다.

나는 낮잠을 자는 습관이 없지만 피곤할 때나 심하게 졸릴 때면 참지 않고 20분 정도 낮잠을 잔다. 능률이 떨어진 상태로 무리하게 일을 해봤자 진전은 없고 시간만 낭비돼서다. 극심한 피로를 느낄 때는 억지로 버티기보다 짧게라도 좋으니 낮잠을 자서 피로를 풀고 집중력을 회복하는 편이 좋다.

03

뇌를 리셋하는 5가지 방법

퇴근 전 막판 스퍼트를 위한 힘을 기르자

오후 2~4시는 식후 졸음이 밀려오거나 업무로 인한 피로가 쌓여 하루 중 가장 능률이 떨어지는 시간대다.

실제로 교통사고 통계를 살펴보면 새벽 3~4시와 함께 오후 2~4시에 졸음운전 사고가 가장 많이 발생한다. 이는 해외 통계에서도 마찬가지다. 즉, 오후 2~4시는 생물학적으로 각성도가 낮아져 졸음이 오기 쉬운 시간대라고 할 수 있다. 각성도가 낮아진다는 것은 집중력과 업무 효율도 낮아진다는 의미다.

그런데 4시가 지나면 상황이 달라진다. '이제 곧 퇴근이니 얼른 일을 끝내자!' 하는 생각에 다시 기운이 생겨 집중력이 높아진다. 따라서 집중력과 능률이 떨어지기 쉬운 오후 2~4시를 어떻게 극복하느냐가 시간술 관점에서 매우 중요하다.

나태해지기 쉬운 이 시간대를 어떻게 극복하면 좋을까? 이제부터 '오후의 리셋 방법'을 소개하겠다. 참고로 이 방법은 오후에만 사용할 수 있는 것은 아니다. 집중력이 떨어졌을 때 유용한 리셋 방법이니 오전에 지쳤을 때나 불가피하게 야근해야 할 때도 얼마든지 활용할 수 있다.

오후의 리셋 1 운동으로 리셋하기

뇌를 활성화하는 가장 간단하고 즉각적인 방법을 하나만 꼽으라면 나는 반드시 '운동'이라고 대답할 것이다. 단 10분만으로도 도파민과 노르아드레날린, 세로토닌 같은 뇌 속 물질 농도가 높아지는데 그 효과가 무려 90분 동안 지속된다. 덕분에 에너지가 넘치고 집중력과 학습 효율이 높아지며 의욕도 상승해 긍정적인 태도로 차분히 일할 수 있다.

어쩌면 일하다 말고 운동을 할 수는 없다고 생각하는 사람이 있을지도 모른다. 하지만 재충전을 위한 운동은 단 1분만 해도 효과를 볼 수 있다.

예를 들어 1층에서 3층으로 올라갈 때 엘리베이터 대신 계단을 이용해보자. 이것만으론 부족한 것 같다면 온 힘을 다해 단번에 뛰어 올라가도 좋다. 그럼 제법 숨이 찰 것이다. 사실 평소보다 약간 빠른 걸음으로 계단을 오르기만 해도 충분한 효과를 볼 수 있다.

공간의 제약 없이 단시간에 할 수 있는 고강도 운동으로는 스쾃이 으뜸이다. 내 한 몸 서 있을 공간만 있으면 가능할뿐더러 1분에 5회 천천히 무릎을 굽혔다가 펴기만 해도 훌륭한 운동이 된다. 느리게 10회 반복하면 어느새 허벅지가 땅기고 땀이 나기 시작한다.

직장인이라고 해서 책상 앞에 계속 앉아만 있으면 피로가 쌓이기 쉽고 집중력도 떨어진다. '집중력이 떨어진 것 같다', '일이 손에 잡히지 않는다' 하는 느낌이 들면 의식적으로 조금 걷거나 몸을 움직여보자.

오후의 리셋 2 장소 변경으로 리셋하기

점심의 회복법에서 설명했듯 장소를 바꾸면 장소 뉴런이 활성화되면서 해마도 활성화돼 뇌가 활기를 되찾는다. 이는 점심이 아닌 시간에도 마찬가지다.

책상 앞에 앉아만 있으면 지치기 쉽고 집중력도 떨어진다. 그럴 땐 짧은 거리라도 좋으니 걸어보자. 걷기는 세로토닌과 장소 뉴런을 활성화해 기분을 전환하는 데 도움을 준다.

예를 들어 화장실까지 걷거나 자판기까지 걸어가 음료수를 사 오거나 복사기가 있는 곳으로 가 복사를 한다. 아주 짧은 거리라도 책상 앞을 지키느라 타성에 젖고 피로에 찌든 뇌에는 신선한 자극이 된다.

꼭 멀리 이동하지 않아도 된다. 평소와 다른 곳에서 다른 풍경을 보는 것만으로도 장소 뉴런은 활성화된다. 나도 오후에는 가끔 카페에서 집필하는데 3시간이 지나면 슬슬 싫증이 나고 집중력이 떨어지기 시작한다. 그럴 때는 조금 걸어서 다른 카페에 간다. 그럼 새로운 환경에서 다시 집중력이 높아질 뿐 아니라 장소를 옮기기 전보다 훨씬 글이 잘 써진다. 장소가 바뀌어 장소 뉴런이 활성화됐기 때문이다.

'카페 옮겨 다니며 일하기'는 일반 직장인이라면 시도하기 힘들 것이다. 하지만 앞서 '틀어박혀 일하기'에서 소개한 내 친구처럼 회사 회의실을 빌려 인적 방해를 차단하고 나를 가두면 자연히 장소 변경에서 오는 기분 전환 효과도 얻을 수 있다.

예전에 미국 댈러스에 위치한 사우스웨스트항공 본사를 방문했다가 놀란 적이 있다. 회의실 수십 개가 연달아 있는데 저마다 인테리어와 디자인이 달랐기 때문이다. 미국의 많은 회사가 그렇다고 하는데 인테리어가 다르면 뇌가 '평소와 다른 장소'로 인식해 장소 뉴런이 활성화된다. 뇌가 활성화되면 다양한 아이디어가 떠올라 활발하고 창의적으로 회의를 진행할 수 있다.

눈앞 풍경이 평소와 다르기만 해도 장소 뉴런이 활성화되니 피곤할 때는 장소만 바꿔도 쉽게 재충전할 수 있다는 사실을 기억해두면 분명 도움이 될 것이다.

오후의 리셋 3 다른 업무로 리셋하기

책상 앞에서 계속 일하다 보면 집중력이 떨어질 뿐 아니라 어깨가 결리고 눈이 침침해지며 피로가 몰려온다. 이처럼 같은 업무를 오래 하는 것은 집중력을 떨어뜨리는 가장 큰 원인이다. 이럴 때는 업무 내용을 확 바꿔보자.

가장 빠른 효과를 거둘 수 있는 방법은 '회의'나 '협의'다. 1시간 일하다가 30분 회의하고 다시 1시간 일한다. 이 30분 회의가 기분을 환기해 적절한 휴식이 된다. 똑같이 30분을 회의해도 오전에 하면 '시간 도둑'이지만 오후에 하면 '기분 전환'이 된다.

회의나 협의 외에도 전화 응대, 자료 작성, 발송 업무, 커피 마시기, 아이디어 짜기(창의적인 작업), 부하에게 지시·확인하기(커뮤니케이션), 이메일에 답장하기 등도 다른 업무로 리셋하는 데 효과적이다.

바꿔 말하면 이 일들은 높은 집중력이 필요하지 않은 비집중 업무다. 긴급하지도 않기 때문에 집중도가 높은 오전에 처리하기에는 시간이 아깝다. 기분 전환 리셋을 위해 오후까지 아껴두는 편이 좋다.

오후의 리셋 4 휴식으로 리셋하기

오후에는 쉽게 지치고 집중력도 잃기 쉽다. 이를 막으려면 지치기 전에 쉬어야 한다.

나를 한계까지 몰아붙이고 겨우 5분 쉬는 방식이 아니라 45분 일하고 5분 쉬는 규칙적인 인터벌 방식을 실천해보자. 오후에는 오전보다 더욱 집중력의 흐름을 의식하며 일해야 한다.

마라톤 선수는 목이 마르기 전에 물을 마신다. 갈증을 느낀다는 것은 벌써 탈수가 시작됐다는 신호라 그때 가서 수분을 보충하면 이미 늦은 경우가 많다.

뇌의 휴식도 마찬가지다. 뇌가 녹초가 될 때까지 무리하면 5분 쉬더라도 충분히 회복할 수 없다. 너무 지치기 전에 쉬는 것이 제대로 된 휴식의 핵심이다.

뇌가 싫어하는 휴식

당신은 휴식 시간에 주로 무엇을 하는가? 대다수가 스마트폰을 들여다보지 않을까? 휴식 시간이 되자마자 누가 더 빠른

지 내기라도 하듯 주머니에서 스마트폰을 꺼내 메시지를 확인하거나 게임을 시작하는 사람이 많다.

매우 유감스럽게도 뇌과학적 관점에서는 쉴 때 스마트폰을 들여다보는 것이 가장 바람직하지 않은 일이다. 오히려 뇌를 피곤하게 해 회복을 방해하기 때문이다.

인간의 뇌는 시각 정보를 처리하는 데 뇌 용량의 90%를 사용한다고 알려져 있다. 특히 컴퓨터 작업을 할 때는 시각 정보를 처리하느라 뇌가 지친다. 보기·읽기 등으로 뇌가 지쳐 있으니 적어도 휴식 시간에는 여기에서 뇌를 해방시켜야 한다.

그리고 뇌는 번쩍이는 것에 흥분하는 특성이 있다. 게임에서 공이 사라질 때의 점멸 또는 폭발 장면 등에서의 섬광은 뇌를 강하게 자극한다. 즉, 스마트폰으로 게임을 하면 뇌가 흥분한다. 따라서 스마트폰 게임은 뇌의 휴식과 이완에 보탬이 되기는커녕 오히려 역효과를 낸다.

신의 시간술 관점에서는 휴식을 통해 뇌가 집중력을 회복하지 못하면 진정한 휴식이라고 할 수 없다. 만약 휴식 후에 뇌가 더 피로하고 집중력이 떨어진다면 그 10분의 휴식 때문에 이후 더 많은 집중 시간을 잃게 된다.

뇌를 쉬게 하는 궁극의 휴식법

그럼 어떻게 쉬어야 뇌가 제대로 쉴 수 있을까? 즉, 당신은 언제 치유된다고 느끼는가? 가능한 한 많은 방법을 떠올려보자.

아로마 테라피, 음악 감상, 맛있는 음식 먹기, 목욕물에 몸 담그기, 사우나하기, 마사지 받기, 강물 소리에 귀 기울이기, 양지에서 햇볕 쬐기, 반려동물과 놀기……. 여러 가지가 있겠지만 이들의 공통점은 오감 중 '시각' 이외의 감각을 활성화한다는 것이다.

음악, 강물 소리는 '청각', 맛있는 음식은 '미각', 아로마는 '후각', 마사지와 반려동물은 '촉각', 목욕물, 사우나, 양지 햇볕은 '온각'과 '통각'에 해당한다. 모두 시각 이외의 감각을 자극하는데 이게 바로 '치유'의 특징이다.

다시 말해 시각을 사용하지 않는 활동이 우리를 치유한다. 즉, 뇌를 쉬게 한다. 다만 이런 활동은 음악을 제외하면 모두 업무 도중에 하기가 어렵다.

그렇다고 방법이 전혀 없는 것은 아니다. '눈을 감으면' 된다. 시각 정보가 차단되면 뇌는 자연스럽게 휴식 모드에 들어간다. 뇌파를 측정해보면 알 수 있는데 눈을 뜨고 있을 때는 주

파수가 높은 '베타파'라는 파장이 우세하지만 눈을 감는 순간부터 '알파파'라는 릴랙세이션(relaxation) 파장이 발생하기 시작한다. 차가운 수건을 가만히 눈에 대고 있어도 좋다. 또는 책상에 엎드리는 것도 효과적이다.

눈을 감은 채 그저 멍하니 있는 것. 이것이야말로 뇌과학적으로 가장 간단하고 효과적인 휴식 방법이다. 그 밖에 잡담 같은 간단한 커뮤니케이션, 스트레칭이나 가벼운 산책 정도의 운동도 효과적이다. 이런 방법을 적절히 조합해 너무 지치기 전에 정기적으로 휴식 시간을 갖자.

일류 기업이 도입한 마인드풀니스

사실 눈을 감는 것보다 더 효과적으로 뇌를 쉬게 하는 휴식 방법이 있다. 바로 명상의 한 형태인 '마인드풀니스'다. 미국에서는 구글이나 나이키 같은 초일류 기업이 효과적인 휴식·재충전 방법으로 마인드풀니스를 적극 도입해 큰 주목을 받았다.

최근에는 명상에 관한 과학적 연구도 활발히 이뤄지고 있다. 명상의 효과로는 집중력과 창의력 향상, 기억력 증진, 스트레스 감소, 불안 완화, 공감·배려심 강화 등이 보고됐다. 휴식 시간에 명상을 하면 오후에 더 높은 집중력을 발휘할 수 있어 '집중해서 일하기' 관점에서도 명상은 최고의 재충전 방법이라고 할 수 있다.

마인드풀니스를 비롯한 명상의 구체적인 실천 방법은 매우 다양하다. 워낙 많아서 설명에만 책 1권이 필요할 정도다. 자세한 실천법이 궁금하다면 명상은 《최고의 휴식》(구가야 아키라), 마인드풀니스는 《마인드풀니스의 교과서(マインドフルネスの教科書)》(후지이 히데오, 클로버(Clover)출판)를 참고하길 바란다.

오후의 리셋 5 5분간 눈 붙여 리셋하기

오후에 일하다가 갑자기 강렬한 졸음이 몰려온 적이 있는가? 그럴 때 커피를 마시거나 껌을 씹으며 어떻게든 버티려 애쓰는 사람이 많을 것이다. 하지만 무리하지 말고 단 5분이라도 눈을 붙이는 편이 낫다. 그러고 나면 신기하게도 졸음이 거의 사라지고 머리가 맑아진 것을 느낄 수 있다.

61쪽에서 설명했듯 인간의 각성 리듬 중 하나는 약 90분 주기로 반복되며 이를 초주기 리듬이라고 한다. 강렬한 졸음이 밀려오는 시점은 이 리듬 곡선 중에서도 최저점에 해당하는 지점, 즉 각성도가 가장 낮은 때다. 이 시간대에는 주의력이나 집중력, 업무 능력이 모두 낮아진 상태라 아무리 애를 써도 좀처럼 일이 진전되지 않는다.

운전 중에 갑자기 심한 졸음이 쏟아지는 것도 초주기 리듬에 따라 각성도가 바닥을 친 상태기 때문이다. 이때는 집중력이 크게 떨어져 사고가 날 가능성이 높다. 그러니 즉시 차를 세우고 단 5분이라도 눈을 붙이자.

심하게 졸리다는 것은 각성도가 가장 낮다는 뜻이다. 이는 반대로 머지않아 각성도가 올라간다는 뜻이기도 하다. 따라서 단 5분만 눈을 붙여도 금세 머리가 맑아지고 졸음이 달아난다. 잠깐 눈을 붙이고 나면 이미 각성도의 상승 구간에 들어선 뒤다. 이후 약 90분 동안은 다시 높은 집중력을 유지할 수 있다.

04

오후의 업무 방식

오후 4시가 지나면 다시 집중력이 높아진다. 뇌가 마감을 앞두고 막판 스퍼트를 내기 때문이다. 오후 늦은 시간대에 업무 효율을 높이기 위해 실천하면 좋은 '오후의 업무 방식'을 2가지 소개하겠다.

오후의 업무 방식 1 퇴근 시간 정하기

앞서 미국인은 가족과 함께 식사하기 위해 5시에 퇴근한다고 했는데 여기에 높은 생산성의 비결이 숨어 있다. 이들에게 5시까지 일을 마친다는 것은 절대 조건이다. 이 목표를 달성하기 위해 하루 종일 높은 집중력을 유지한 채 온 힘을 다해 일한다. 그래서 일의 밀도가 압도적으로 높다. 말하자면 매일 '제한시간'을 설정하며 일하는 셈이다.

보통 직장인에게는 '일이 끝나지 않으면 야근하면 된다' 같은 인식이 깔려 있어 시간이 지나도 집중력이 높아지지 않고 효율도 좀처럼 오르지 않는다. 오히려 무의식중에 늦장을 부리며 일하는 경우가 많다.

다만 최근 '야근 제로'를 도입해 모든 직원을 정시에 퇴근시키는 회사가 늘었다. 이런 회사의 경우 총 노동시간이 대폭 줄었는데도 실적은 개선된 사례가 적지 않다. 다시 말해 야근 제로, 정시 퇴근으로 업무 효율이 대폭 향상됐으며 이는 여러 회사의 실제 사례를 통해 확인할 수 있다.

혹시 당신 회사는 야근 제로, 정시 퇴근을 추진하지 않는가? 그렇다 해도 개인적으로 퇴근 시간을 정하면 그것만으로 집중력이 높아져 일을 빨리 끝내고 일찍 귀가할 수 있다.

5시 퇴근이 어렵다면 6시나 7시도 좋으니 나만의 퇴근 시간을 정해 반드시 그때까지는 일을 마치는 습관을 들이자. 그렇게만 해도 일의 효율이 압도적으로 상승한다.

오후의 업무 방식 2 전략적 시간 압박

시간 압박 업무법은 2장에서 이미 설명했다. 이 방식을 매일 일할 때도 응용할 수 있다.

예를 들어 매일 밤 9시나 10시까지 일하는 사람이 있다고 가정하자. 그는 하필이면 오늘 7시에 미팅을 하기로 약속했다. 그럼 6시 반까지 기필코 일을 마치고 미팅 시간에 맞춰 약속 장소에 도착해야 할 것이다. 그리고 실제로 늦지 않게 도착한다.

밤에 아무 약속도 없으면 '야근하면 그만'이라는 생각에 늑장을 부리기 쉽다. 실제로도 몇 시간 야근하게 된다. 그렇지만 밤에 꼭 지켜야 할 약속을 잡으면 반드시 그 시간까지 일을 마치고 퇴근해야 한다. 이렇게 시간 압박 업무법을 일상 업무에 적용하면 업무 효율을 높일 수 있다.

나는 자주 온라인으로 영화표를 예매한다. 주로 오후 7시 상영 티켓이다. 어떻게든 6시 반까지는 일을 마치고 영화관에 가야 한다. 온라인 티켓은 취소할 수 없어서 일이 끝나지 않으면 티켓값을 고스란히 날리고 만다. 무슨 일이 있어도 제시간에 마쳐야 한다는 생각에 저절로 기합이 들어간다.

   7시까지 일을 마치겠다는 결심은 좀처럼 지키기 어렵다. 하지만 7시 이후 꼭 지켜야 할 일정을 잡아두면 기필코 일을 끝내야 할 명확한 이유가 생긴다. 이는 전략적으로 시간 압박 상태를 만드는 방식이다. 이런 전략적 시간 압박 기술은 업무 효율을 높이는 궁극의 오후 업무 방식이라 할 수 있다.

(5장)

저녁
운동과 수면의 기술

앞 장에서 뇌의 골든타임을 설명했는데 사실 노력에 따라 두 번째 골든타임도 얼마든지 만들 수 있다. 그 열쇠는 바로 '운동'이다. 또 '잠들기 전 2시간'을 어떻게 보내느냐에 따라 다음 날 아침 집중력을 100% 발휘할 수 있을지 없을지가 결정된다.
이번 장에서는 '저녁의 리셋 방법'을 살펴보겠다.

01

운동으로 만드는
두 번째 골든타임

하루를 2배로 늘리는 방법

 하루를 2배로 활용할 수 있는 궁극의 시간술이 있다. 하루는 누구에게나 공평하게 24시간만 주어지니 하루를 2배로 늘리는 것은 상식적으로 불가능한 일처럼 보일 것이다. 하지만 방법은 있다. 그리고 그 효과는 압도적이다. 이 책을 읽고 있는 당신이라면 당연히 그 방법이 궁금할 것이다.
 앞서 기상 후 2~3시간은 뇌의 골드 타임이라고 말했다. 뇌에 활력이 넘쳐 집중력이 매우 높고 높은 성과를 거둘 수 있는 최상의 시간대다. 책 집필처럼 극도의 집중력을 요하는 일은 이 시간에만 할 수 있다.

만약 오후에도 뇌를 아침 기상 직후와 같은 상태로 리셋할 수 있다면 뇌의 골든타임을 하루에 2번 활용할 수 있다. 뇌의 골든타임에 중요한 일을 하는 사람에게 이는 곧 하루를 2배로 활용하는 것과 같은 의미다.

하루를 2배로 활용하는 방법은 궁극의 뇌 리셋 기술로 그 비결은 다름 아닌 '운동'이다. 오후에 피로가 몰려올 때 1시간 정도 유산소운동을 하면 뇌가 놀라울 만큼 상쾌해진다. 실제로 아침에 막 잠에서 깼을 때처럼 집중력이 되살아나는 것을 느낄 수 있다.

운동 후는 두 번째 뇌의 골든타임

나는 아침에 눈을 뜬 직후부터 오후까지 내내 글을 쓴다. 처음 2~3시간 동안은 글이 잘 써지지만 오후로 갈수록 눈에 띄게 능률이 떨어진다. 카페에서 점심을 먹고 다시 글을 쓰기 시작해도 오후에는 책으로 낼 만큼 괜찮은 글이 좀처럼 나오지 않는다. 그러니 주로 이메일 매거진에 실을 글이나 페이스북에 올릴 가벼운 글을 쓴다. 그나마 남아 있던 집중력도 오후 3시를 기점으로 급격히 떨어지고 일의 효율도 크게 나빠진다.

그래서 늦은 오후에는 헬스장에 간다. 그곳에서 1시간가량 에어로빅 같은 유산소운동을 하며 땀을 흘린다. 그러고 나면 거짓말처럼 머리가 맑아지면서 정신이 번쩍 든다. 마치 아침에 눈을 떴을 때와 거의 같은 상태가 되는 것이다.

운동에 의한 집중력 리셋 효과

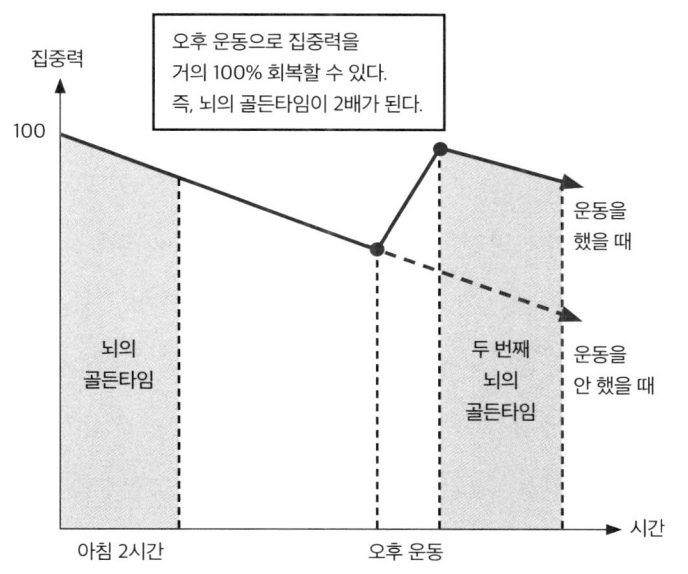

운동을 마치고 샤워를 하자마자 부리나케 카페로 달려간다. 그리고 다시 글을 쓰기 시작한다. 이러면 아침과 다름없는 상태에서 글을 쓸 수 있다.

아침에 2시간 동안 원고지를 10장 채웠다면 운동 후 2시간 동안에도 비슷하게 10장을 거의 같은 수준으로 쓸 수 있다. 그야말로 하루가 2배가 된 느낌이다.

3장에서 직장인이 뇌의 골든타임을 활용하려면 아침 카페를 이용할 수밖에 없다고 설명했는데 직장인도 집중력이 높은 자유 시간을 추가로 확보할 수 있는 방법이 바로 오후 운동이다.

지적 중노동에는 운동이 필수다

"1시간 운동하면 뇌가 리셋된다고? 그건 당신이니까 가능한 이야기다"라고 말하는 사람도 분명 있을 것이다. 하지만 나보다 훨씬 더 큰 효과를 본 인물이 있다.

바로 매년 노벨문학상 후보에 오르는 세계적인 작가, 무라카미 하루키다. 그 또한 매일 1시간씩 운동하는 습관을 실천하고 있다.

앞서 소개한 《직업으로서의 소설가》라는 책은 한 장 전체가 그의 운동 습관에만 할애돼 있다. 그는 20년 넘게 하루도 빠짐없이 1시간씩 러닝을 해왔다고 한다. 태풍이 몰아치는 날이나 폭우가 쏟아지는 날도 예외는 아니다. 운동을 하지 않으면 기운이 나지 않아 집필도 할 수 없다고 한다. 그의 경우 글을 쓰는 데 운동은 필수다.

20년 넘게 매일 달린다는 것은 엄청난 일인데 왜 그는 그렇게 운동에 집착하는 것일까. 틀림없이 운동을 하지 않으면 글을 쓸 수 없기 때문이다.

그가 사람을 감동시키는 훌륭한 작품을 써내는 비결이 여기에 있다. 일의 완성도를 높이고 싶다면, 다시 말해 집중력을 리셋하고 싶다면 당신도 반드시 운동을 해야 한다.

지나친 운동은 집중력을 떨어뜨린다

운동을 하면 집중력이 리셋된다고 말하면 "운동을 해도 전혀 집중력이 리셋되지 않던데요? 오히려 피곤해서 일의 능률이 떨어졌어요"라고 반박하는 사람이 꼭 나타난다.

그 경우 원인은 하나, 운동을 과하게 했기 때문이다.

내게 뇌를 깨우는 데 가장 알맞은 운동 시간은 60~90분 정도다. 간혹 2시간 이상 운동할 때도 있지만 그럼 몸이 늘어져 운동 후에 펜을 잡아도 글이 잘 써지지 않는다.

또 운동량이 지나치면 강한 식욕이 밀려온다. 적당히 운동했을 때는 배가 거의 고프지 않아 저녁을 샐러드 정도로 가볍게 때우기도 한다. 하지만 2시간 넘게 운동하고 나면 라면이나 고기 같은 기름진 음식이 간절해진다. 상쾌하기는커녕 머릿속이 멍하고 심한 졸음이 쏟아질 때도 있다. 격렬한 운동 후에는 저혈당 상태에 빠지기 때문이다.

적절한 운동은 뇌와 몸의 균형을 되찾는 데 도움이 된다. 그러나 과도한 운동 후에는 에너지가 신체 회복에 집중돼 뇌로 가는 에너지가 부족해진다. 그 결과 집중력 저하, 식욕 폭발, 강한 졸음 등 피로의 증상이 나타난다.

집중력 리셋을 위한 운동이라는 관점에서는 격렬한 운동을 장시간 하기보다 알맞은 운동을 적당히 하는 것이 중요하다. 운동 방식과 강도, 시간을 조절해 뇌와 몸이 가뿐해지는 나만의 운동 스타일을 찾자.

운동이 뇌에 좋다는 과학적 근거

실제로 운동을 하면 머리가 맑아지고 집중력과 의욕이 회복되는 기분을 많은 사람이 느꼈을 것이다. 그런데 뇌과학적으로는 어떨까. 운동이 뇌에 놀라운 효과를 발휘한다는 사실은 이미 많은 연구를 통해 증명됐다. 그 효과를 알기 쉽게 7가지로 분류해봤다.

1. 해마의 신경세포를 늘려 장기 기억을 강화한다

뇌유래신경영양인자(BDNF)가 분비돼 신경세포 증식을 촉진한다.

2. 뇌를 자라게 한다

뇌의 용적이 늘어나고 시냅스의 네트워크가 확장된다.

3. 운동 직후부터 학습 기능이 높아진다

35분 동안 러닝머신 위를 달리기만 해도 그 직후 인식의 유연성(수행 기능), 학습 능력이 향상된다.

4. 머리가 좋아진다

운동하는 사람과 운동하지 않는 사람을 비교했을 때 장기 기억, 추론, 주의력, 문제 해결, 유동 지능에 관한 평가에서 운동하는 사람의 성적이 더 높았다.

5. 작업 기억이 향상된다

운동 후 작업 기억(워킹 메모리) 테스트 결과가 50% 이상 개선됐다.

6. 숙면을 취할 수 있다

일주일에 150분간 운동하면 수면 질이 60% 높아진다. 낮에 느끼는 졸음 수준은 65% 낮아져 낮의 피로감과 집중력이 45% 개선된다. 정기적으로 운동을 하면 깊이 잠들 수 있어 낮 동안의 집중력이 대폭 좋아진다.

7. 의욕이 높아진다

운동을 시작하면 동기 부여 물질인 도파민이 분비된다. 도파민에는 기억 증강, 학습 강화 효과가 있다. 지속적으로 운동하면 도파민 뉴런 연결이 강화돼 의욕이 더 높아진다.

30분 정도 유산소운동을 하면 곧바로 학습 기능, 기억 능력이 향상되고 의욕이 고취된다. 또 운동하는 습관을 들이면 시냅스 네트워크가 확장돼 머리가 좋아진다. 운동은 최고의 재충전 방법일 뿐 아니라 뇌의 능률을 끌어올리는 최고의 두뇌 훈련법이다.

집중력을 높여 빠르게 일을 처리하기 위해서는 꾸준한 운동이 필수다.

운동은 가장 좋은 시간 창출법

이제 운동이 시간을 창출한다는 사실을 어느 정도 실감했을 것이다. 이쯤에서 중요한 연구 자료 하나를 소개하겠다.

대만 국립위생연구소가 41만 명을 8년간 추적 조사한 결과 하루 15분씩 운동한 사람은 사망률이 14% 낮아졌고 평균수명은 1002일, 즉 3년 가까이 늘어난 것으로 나타났다.

이를 바탕으로 운동이 평균수명을 얼마나 늘리는지 간단히 계산해보자. 하루 15분씩 8년이면 총 30일에 해당하는 시간이다. 그로 인해 수명이 1002일 늘어났으니 투자 대비 효율이 무려 33배다. 즉, 15분 운동으로 수명이 하루에 8시간이나 늘어난 셈이다. 정말 놀라운 수치가 아닐 수 없다.

이는 대략적인 계산이지만 운동을 하면 수명이 늘어나 시간이 창출된다는 점은 분명한 사실이다. 많은 사람이 바빠서 운동할 시간이 없다고 하지만 오히려 운동을 하지 않으면 평생 자유롭게 쓸 수 있는 시간을 크게 잃는다. 따라서 시간이 아까운 사람일수록 운동을 해야 한다.

운동은 언제 하는 것이 가장 좋을까?

나는 운동 후 완전히 리셋된 뇌로 2~3시간 더 글을 쓰고 싶어 늦은 오후에 운동을 한다.

다이어트에 관한 책을 보면 오후 4시 무렵은 체온이 올라가 하루 중 신진대사가 가장 활발한 시간대이므로 이때 운동하는 것이 다이어트에 효과적이라고 쓰여 있다. 이런 의미에서도 늦은 오후에 운동하는 것이 가장 이상적이라고 생각한다.

하지만 직장인에게는 어림없는 소리처럼 들릴 수 있다. 이들은 아침이나 퇴근 후에야 간신히 시간을 낼 수 있을 뿐이다.

아침 운동도 나쁘진 않지만 바쁜 직장인에게는 현실적으로 쉽지 않다. 결국 남는 시간은 퇴근 후밖에 없다.

다만 너무 밤늦게 하는 운동은 수면에 방해가 될 수 있으니 피하는 편이 좋다. 밤 11시가 넘은 시각, 헬스장 앞을 지날 때면 창문 너머로 러닝머신 위를 열심히 달리는 사람이 보인다. 본인은 건강을 챙긴다고 생각하겠지만 실제로는 건강에 좋지 않아 권장하기 어렵다.

운동을 하면 교감신경이 우위를 차지한다. 교감신경은 낮에 활성화되는 신경으로 뇌를 각성시키는 역할을 한다. 뇌가 활발히 돌아가는 상태에서는 이불 속에 누워도 깊이 잠들 수 없다.

저녁에 운동을 한다면 적어도 잠자기 3시간 전에는 마치는 것이 좋다. 이 시간대에 한번 체온을 올려두면 잠들 무렵에는 심부 체온이 알맞게 떨어져 자연스럽게 잠들 수 있다. 수면의 질도 높아져 피로가 훨씬 쉽게 회복된다. 게다가 운동 후에는 보통 샤워나 입욕을 하는데 이로 인해 한 번 더 체온이 올라가 일석이조의 효과를 기대할 수 있다.

퇴근하고 운동하는 사람이라면 잠자기 3시간 전까지는 운동을 마쳐야 한다는 사실을 꼭 기억하자. 이 하나만 지켜도 숙면을 통해 하루의 피로를 말끔히 해소할 수 있다. 즉, 저녁의 리셋 효과를 극대화할 수 있다.

운동 시간을 확보하는 방법

뇌 활성화에 좋다는 말로 운동을 권하면 많은 사람이 운동할 시간이 없다며 난색을 표한다. 그런데 당신은 '건강'과 '일' 중 무엇이 더 소중한가? 아마 대다수가 건강이라고 대답할 것이다. 하지만 일주일에 단 1시간이라도 땀 흘리며 운동하는지 물으면 대부분 "아니요"라고 대답한다.

많은 사람이 건강을 희생하며 일에 매달린다. 이는 일을 스스로 통제하지 못하는 상태로 그대로 가다가는 결국 건강을 해치고 만다.

나는 건강의 소중함을 잘 알기에 목숨을 걸고 운동 시간을 확보한다. '목숨을 건다'는 표현은 결코 과장이 아니다. 운동을 하지 않으면 병에 걸리고 병들면 죽음에 이를 수 있기 때문이다.

먼저 일주일 중 하루를 운동하는 날로 정하자. 최근에는 야근 없는 날을 도입한 회사도 늘었으니 이왕이면 그날이 좋을 것이다. 그날이 수요일이라면 수요일 저녁 7~9시에 운동을 하기로 결심하는 것이다. 그 후 내 각오를 직장 동료와 가족에게 알리고 그저 실행에 옮기기만 하면 된다.

운동 시간에 일이 생기면 양해를 구하자. 회식이 잡혀도 양해를 구하자. 어떤 상황에서도 운동을 1순위로 둬야 한다. 한때는 나도 주 5일은커녕 일주일에 1번 운동하기도 벅찼다. 하지만 마음을 굳게 먹고 문화센터 에어로빅 교실에 다니기 시작했다. 매주 목요일 두 타임을 신청해 7시부터 9시까지 2시간 동안 에어로빅을 했다. 요금은 3개월 치 선불로 냈는데 수업에 빠져도 환불받을 수 없었다.

그래서 나는 매주 목요일은 에어로빅하는 날이라고 친구들과 업무 관계자들에게 선언했다. 목요일 저녁에 들어오는 술자리 제안은 모두 거절했고 업무 관련 의뢰도 일절 받지 않았다.

그 결과 어떻게 됐을까? 아무 일도 일어나지 않았다. 일감이 줄지도 않았고 친구들과 멀어지지도 않았다. 오히려 반년쯤 지나자 주변 사람에게 '가바사와 씨는 목요일엔 안 된다'는 사실이 각인돼 목요일에는 아무도 나를 찾지 않았다. 유일하게 달라진 점은 컨디션이 무척 좋아졌다는 것이다.

결국 1년 동안 해외에 나가거나 지방에 내려간 날을 제외하면 도쿄에 있는 날에는 목요일마다 에어로빅을 하러 갈 수 있었다. 이처럼 운동은 '하겠다'고 마음먹고 '하는' 수밖에 없다.

운동을 할수록 시간이 생긴다

일주일에 하루를 운동하는 날로 확보하고 나면 이틀도 거뜬히 확보할 수 있다. 이틀을 확보하고 나면 사흘도 문제없다. 자칫 이상하게 들릴 수 있는 말이지만 집중 시간술의 원리를 아는 사람에게는 너무나도 당연한 이치다.

운동을 하면 뇌의 능률이 높아져 업무 효율도 눈에 띄게 향상된다. 따라서 운동에 1시간을 할애하더라도 전체적으로는 분명 이득이다.

게다가 운동을 통해 숙면을 취하면 피로가 회복돼 다음 날 100% 충전된 상태로 하루를 시작할 수 있다. 또 꾸준히 운동하면 두뇌 기능이 향상되고 뇌 속 뉴런 네트워크가 더욱 정교하고 밀도 있게 재구성돼 사고 속도도 빨라진다. 그 결과 같은 일을 더 짧은 시간에 처리할 수 있고 일의 양과 질 모두 향상된다.

내 경험상 전혀 운동하지 않던 시절에 비하면 한 달에 소화하는 업무량이 2배 이상 늘었고 자유 시간도 크게 늘었다. 이게 바로 신의 시간술이 지닌 위력이다.

시간이 없다고 푸념하는 사람일수록 운동이 필요하다. 운동을 하면 틀림없이 시간이 생긴다. 운동을 하면 하루가 2배로 늘어난다는 말도 결코 과장이 아니다.

02

스트레스를
담아두지 않는 법

24시간 안에 해소하기

"가바사와 씨는 주말을 어떻게 보내세요?"라는 질문을 자주 받는다. 그런데 내게는 주말이라는 개념이 없다. 그렇다고 쉬거나 놀지 않는 것은 아니다. 오히려 남들보다 2배는 쉬고 2배는 논다.

많은 직장인이 월요일부터 금요일까지 필사적으로 일하고 주말에는 휴식을 취하며 몸과 마음을 회복한다. 일주일 단위로 완급을 조절하며 생활하는 것이다.

내게는 그런 개념이 없다. 오전에는 필사적으로 집필하고 오후에는 느긋하게 집필한다. 그리고 원칙적으로 저녁에는 일을 하지 않는다. 영화를 보거나 맛있는 것을 먹고 가족이나 친구들과 교류하며 안정을 취한다. 즉, 24시간 단위로 움직이며 그 안에서 완급을 조절한다.

어찌 보면 이것은 '스트레스를 다음 날로 넘기지 않는 삶'이다. 일을 하다 보면 불쾌한 일을 겪거나 좌절을 할 때도 있다. 하지만 그 스트레스를 결코 다음 날까지 담아두지 않고 그날 안에 해소한다. 그러면 다음 날 아침 정신적으로나 체력적으로나 완전히 회복돼 100% 능률로 다시 일에 몰두할 수 있다.

닷새 일하고 이틀 쉬는 삶에서는 하루 안에 100% 회복하지 못하는 경우가 많다. 목요일이나 금요일쯤 되면 아침에 잠에서 깼을 때부터 몸이 나른해 출근도 하기 전에 퇴근하고 싶어진다. 신의 시간술 관점에서 월요일의 컨디션이 100이라면 목요일이나 금요일에는 60~70 정도밖에 되지 않는다. 이는 엄청난 시간 낭비로 이어진다.

그날의 스트레스와 피로는 그날 안에 해소하자. 24시간 안에 해결하는 것이 가장 효율적인 삶의 방식이다.

피로를 다음 날로 넘기지 않는 삶

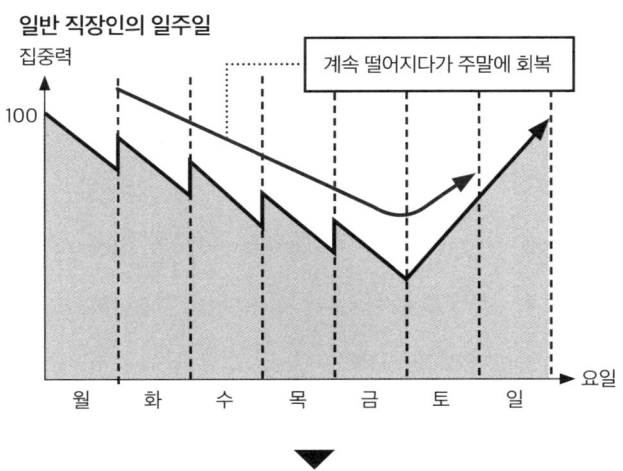

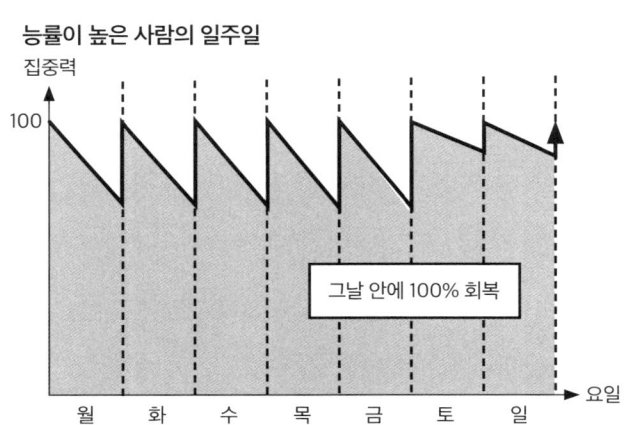

교류는 최고의 회복제

저녁의 리셋 방법으로 내가 추천하는 활동은 바로 '교류'다.

가족과 식사하기, 아이와 놀아주기, 친구나 연인과 한잔하기, 마음 맞는 동료와 즐거운 시간 보내기, 집에서 고양이와 놀기……. 이런 교류 시간이 하루의 피로를 잊게 한다.

이는 단순히 기분상 효과가 아니다. 뇌과학적으로도 교류가 회복에 도움이 된다는 사실이 입증됐다. 다른 사람과 교류하면 뇌하수체에서 옥시토신이 분비된다. 옥시토신은 '사랑 호르몬'으로 알려져 있다. 옥시토신이 분비되면 '사랑하고 사랑받는 감정'을 느낄 수 있다.

또 옥시토신은 세포 재생과 면역력 향상에도 도움을 준다. 즉, 마음뿐 아니라 몸의 세포와 장기까지 회복시키는, 진정한 치유 효과를 지닌 물질이다.

옥시토신 분비는 정신적 교류뿐 아니라 스킨십을 통해서도 촉진된다. 가장 효과적인 것은 성교나 키스지만 사실 포옹만으로도 많은 양이 분비되며 심지어 손만 잡아도 옥시토신이 생성된다. 아이를 품에 안거나 함께 손을 잡고 걷기만 해도 충분하다.

사람이 아닌 동물과 어울릴 때도 옥시토신이 분비된다. 고양이와 놀 때 가장 위안을 받는다는 사람이 있는데 실제로 그 순간 옥시토신이 분비돼 몸도 마음도 치유된다.

이처럼 이완된 교류 시간이야말로 진정한 회복제다. 그 덕분에 우리는 편안한 마음으로 깊이 잠들 수 있고 이로 인해 다음 날 다시 힘차게 100%의 능률을 발휘해 일할 기반이 마련된다.

완급을 조절하자

낮에는 부지런히 일하고 밤에는 집에서 편히 쉬는 생활이 가장 건강한 방식, 즉 하루 안에서 완급을 조절하는 삶이다.

반대로 밤늦게까지 야근을 하다가 막차 직전 퇴근하고 겨우 목욕과 저녁 식사를 마친 뒤 곧바로 잠자리에 드는 생활이야말로 건강에 가장 해로운 방식이다.

머릿속에 '활'을 떠올려보자. 시위를 당겼다가 놓으면 잠시 팽팽히 긴장됐다가 이완될 것이다. 하지만 계속해서 당기기만 하면 결국 뚝 끊어져 버린다.

우리 몸에서는 낮을 관장하는 교감신경(급)과 밤을 관장하는 부교감신경(완)이 어우러져 완급의 리듬을 만들어낸다. 저녁에 휴식을 취해 몸과 마음을 이완하지 않으면 충분히 회복되지 않아 다음 날 능률을 100% 발휘할 수 없다.

저녁에 3시간 야근을 했다고 가정하자. 그래서 다음 날 아침 집중력이 80%인 상태로 하루를 시작한다면 집중 시간으로 환산했을 때 전날 야근한 3시간을 그대로 날리는 셈이다. 따라서 낮에 '일하는' 것만큼 밤에 '쉬는' 것도 중요하다.

일에 중독된 사람은 매일 야근을 하면 회사와 상사에게 높은 평가를 받아 승진이나 승급 기회가 주어질 거라 믿는다. 그래서 마치 회사에 목숨을 바친 사람처럼 언제나 일만 한다.

유감이지만 '일 중독자'의 앞날에 기다리고 있는 것은 승진이나 승급이 아니라 '정신과 상담'이다. 그런 식으로 일하다 보면 언젠가는 정신 질환에 걸려 병원을 찾게 된다. 정신과 의사로 그런 사람을 수없이 봐왔다. 이들은 여가를 즐기는 데 서툴고 일을 대충 때우거나 적당히 넘기는 것조차 힘들어한다.

저녁에는 '놀자!', '느긋하게 보내자!', '한가한 시간을 갖자!' 하는 마음가짐이 필요하다. 이런 자세야말로 궁극의 업무 방식이라고 할 수 있다. 일만 하며 사는 사람은 언젠가 반드시 소진된다.

회사 밖에서는 일 생각을 하지 않는다

완급을 조절한다는 것은 바꿔 말하면 일할 때는 열심히 일하고 쉴 때는 일 생각을 전혀 하지 않는다는 뜻이다.

술자리에서 30분 간격으로 업무 메일을 확인한다면 사실상 계속 일하고 있는 거나 마찬가지다. 놀고 있어도, 술을 마셔도, 여행 중에도 머릿속에 일 생각이 자리 잡고 있다면 진정한 의미의 휴식이 아니다. 업무 모드, 긴장 모드에 사로잡혀 몸도 마음도 긴장된 '급' 상태인 것이다. 이런 상태에서는 놀이를 하고 휴식을 취해도 리셋되지 않는다. 결국 만성적인 업무 스트레스에 잠식당한다.

일거리를 집에까지 가져가는 버릇도 고치는 편이 좋다. 처음에는 '오늘 하루만', '이번 한 번만'이라 생각하지만 결국 일이 눈덩이처럼 불어나 감당할 수 없게 될 것이다. 또 마음속 어딘가에 '집에서 하면 되겠지' 하는 생각이 자리 잡고 있으면 낮 동안 긴박감이 사라져 결국 일의 흐름이 늘어진다.

03
깊은 수면을 만드는 생활 습관

잠들기 전 2시간으로 인생이 결정된다

아침에 잠에서 깨 가장 먼저 하는 일은 하루를 힘차게 시작하는 데 매우 중요하다. 그리고 하루의 끝, '잠들기 전'에 무엇을 하는지도 그에 못지않게 중요하다. 잠에서 깬 후 습관이 '하루'를 결정한다면 잠들기 전 습관은 '인생'을 결정한다.

지금까지 집중력을 리셋하는 방법을 여러 가지 소개했는데 그중에서 가장 중요한 것이 '수면'이다. 밤에 푹 자야만 다음 날 아침 집중력을 100% 회복할 수 있다.

충분히 자지 못했거나 자는 동안 여러 번 깼다면 아침에도 머리가 멍하다. 집중력이 70~80%밖에 회복되지 않으면 그날 업무는 집중력이 20~30% 낮은 상태로 시작해야 한다. 아침에 잠에서 깬 순간 그날의 컨디션이 결정되는 셈이다. 처음부터 핸디캡을 안고 시작하는 것은 너무나도 큰 손실이다. 따라서 잠을 줄여가며 일하거나 밤을 새워 일하는 것은 집중 업무 방식 관점에서 어리석음의 극치라 할 수 있다.

수면 부족은 집중력의 최대 적이다. 수면은 집중력을 높여 일하기 위한 필수 조건이다.

잠들기 전에 해야 할 일과 피해야 할 일

그럼 어떻게 해야 깊이 잠들 수 있을까? 이는 잠들기 전 2시간의 생활 습관에 달려 있다.

잠들기 전 2시간 이내에 피해야 할 행동이 몇 가지 있다. 예를 들면 식사, 음주, 격렬한 운동, 뜨거운 물로 목욕, 눈으로 즐기는 오락(게임, 영화), 빛나는 화면 응시(스마트폰, 컴퓨터, 텔레비전), 밝은 장소에 머물기(특히 형광등이 켜진 회사나 편의점 등) 등이다.

반대로 이 시간 동안 하면 좋은 행동은 느긋하고 편안한 시간을 갖는 것이다. 구체적으로는 음악 감상, 아로마 테라피 같은 눈을 사용하지 않는 오락, 가족과의 대화, 반려동물과의 놀이, 몸을 이완하는 가벼운 운동, 미지근한 물로 목욕, 독서 등이 있다.

하지만 대다수가 이런 여유로운 시간을 누리지 못한다. 그래도 잠들기 전 편히 쉬며 완급을 조절하면 자고 일어난 뒤 집중력을 100% 회복할 수 있다.

우리는 늘 교감신경과 부교감신경 사이를 오간다. 교감신경에서 부교감신경으로 바뀔 때는 이완하는 시간이 필요하다. 잠들기 전 2시간 동안 충분히 휴식을 취하면 자연히 교감신경에서 부교감신경으로 전환된다.

잠이 오지 않아 눈이 말똥말똥하고 머리는 한없이 맑으며 심장까지 두근거린다면 아직 교감신경이 우세하다는 증거다. 이런 상태에서는 억지로 잠든다 해도 몸과 뇌가 제대로 쉬지 못한다. 세포와 장기 재생, 면역 기능 활성화, 암세포 제거 같은 중요한 작용은 모두 부교감신경이 우세한 수면 중에 이뤄진다. 교감신경이 우세한 채로 잠들면 몸의 자연 치유력이 제대로 발휘되지 않는다. 이 상태가 지속되면 결국 병이 난다.

일을 열심히 하려면 잠들기 전 최소 2시간은 몸과 마음을 이완해야 한다. 밤늦도록 야근을 하면 다음 날 컨디션을 100% 회복하기 힘들다. 늦게까지 일하는 것은 겉보기에는 성실해 보일지 몰라도 업무 효율을 생각하면 실제로는 불성실한 태도에 가깝다. 그러니 잠들기 전 2시간의 이완 시간은 무슨 일이 있어도 반드시 확보하자. 열심히 일하면서도 건강을 유지하는 방식이야말로 이상적인 삶이다.

이에 관해 자세히 설명하자면 책 1권으로도 부족하니 더 알고 싶은 사람은 내 또 다른 저서 《정신과 의사가 알려주는 숙면의 12가지 법칙, 일본에서 가장 알기 쉬운 수면 매뉴얼(精神科医が教えるぐっすり眠れる12の法則 日本で一番わかりやすい睡眠マニュアル)》(Kindle 전자책)을 참고하길 바란다. '밤에 푹 잘 수 없다', '잠이 부족하다', '더 오래, 깊이 잠들고 싶다' 같은 고민이 있거나 수면제를 복용 중인 사람에게 추천한다.

잠들기 직전 식사는 수면을 망친다

밤 10시까지 일하고 집에 돌아와 샤워를 하고 늦은 저녁을 먹은 뒤 새벽 1시쯤 잠드는 사람이 많을 것이다. 하지만 잠들기 전 2시간 이내에 식사는 절대 금물이다.

지금까지 잠들기 전 피해야 할 행동을 몇 가지 소개했는데 그중에서도 가장 저지르기 쉽고 놓치기 쉬운 것이 바로 이 '잠들기 직전 식사'다.

잠들기 직전에 먹으면 성장호르몬이 분비되지 않는다. 혈당을 높이는 성장호르몬은 공복일 때 가장 활발히 분비되고 배가 불러 혈당이 높아지면 거의 분비되지 않는다.

성장호르몬은 보통 잠든 뒤 첫 번째 렘 수면기에 가장 많이 분비된다. 이는 수면 후 약 2시간 이내의 시간대다. 그런데 잠들기 직전에 식사를 하면 그 시간대에도 여전히 혈당이 높기 때문에 성장호르몬이 제대로 분비되지 않는다.

성장호르몬은 '피로 회복 호르몬'이라고도 불린다. 이 호르몬이 제대로 분비되지 않으면 피로가 충분히 해소되지 않아 결국 다음 날까지 피로가 이어진다.

우리가 잠을 자는 이유는 뇌와 몸을 쉬게 해 피로를 회복하기 위해서다. 그런데 성장호르몬이 분비되지 않아 피로 회복 효과가 크게 떨어진다면 잠을 자는 의미가 없다.

7~8시간을 자도 피로가 풀리지 않는다면 혹시 잠들기 직전

에 식사를 하고 있진 않은지 점검해보자. 야근으로 귀가가 늦어진다면 먼저 저녁을 먹은 뒤 일을 하자. 배고픔을 참은 채 일하면 업무 효율도 떨어진다.

04

잠들기 전 15분 활용법

아침에 잠에서 깬 후 2시간 외에도 뇌에는 또 하나의 골든타임이 있다. 바로 잠들기 전 15분이다.

잠들기 전 15분은 '기억의 골든타임'으로 불린다. 이 시간대에 기억한 내용은 하루 중 가장 오래 기억에 남는다. 시험공부나 어학 공부를 하는 사람에게 잠들기 전 15분은 낮의 1시간과 맞먹는 효과가 있다.

이때 암기가 잘되는 이유는 정보를 머릿속에 넣고 곧바로 잠들면 기억 충돌이 일어나지 않기 때문이다. 반면 암기 후 쓸데없는 정보를 더 받아들이면 뇌에서 여러 기억이 뒤섞여 정리가 어려워지고 수면 중 기억 정착에도 지장이 생긴다. 잠들기 전 15분 동안 암기한 뒤 다른 정보를 받아들이지만 않으면 외운 내용이 고스란히 기억으로 정착된다. 직접 해보면 그 놀라운 효과를 실감할 것이다.

작년에 나는 위스키 전문가 시험을 봤는데 이 시험에 합격하기 위해서는 총 500쪽가량의 교재를 외워야 했다. 특히 50개가 넘는 증류소 이름을 외우는 항목은 좀처럼 머릿속에 들어오지 않아 애를 먹었다. 하지만 이 경우에도 잠들기 전 15분 동안 집중해서 암기했더니 다음 날 아침 눈을 뜨자마자 이불 속에서 그 내용이 생생히 떠올랐다. 잠들기 직전 외운 내용이 머릿속에 완전히 정착했음을 실감한 순간이었다.

기억 충돌을 얼마나 효과적으로 막느냐에 따라 기억의 골든타임을 충분히 더 길게 유지할 수도 있다. 일부 연구자는 잠들기 전 1~2시간을 기억의 골든타임으로 보기도 한다.

잠들기 전 15분 동안은
쓸데없는 정보를 받아들이지 말자

기억의 골든타임을 이해했다면 하루를 마무리할 때 가장 나쁜 습관이 무엇인지도 쉽게 짐작할 수 있을 것이다.

앞서 아침의 정보 방송이 뇌를 어지럽혀 뇌의 골든타임을 망친다고 했듯 잠들기 직전의 텔레비전도 마찬가지다. 머릿속을 뒤죽박죽으로 만들어 기억 충돌을 극대화한다. 특히 수험생이 늦은 밤까지 공부한 다음 '오늘은 열심히 했으니 잠들기 전에 30분만 텔레비전을 보자' 하며 리모컨을 집어 드는 행동은 사실 가장 피해야 할 일이다. 공부를 마쳤으면 곧장 잠자리에 들어야 한다.

당신은 잠들기 전 무슨 생각을 하는가. 대부분의 사람은 잠들기 전 그날 있었던 괴로운 일, 힘들었던 일, 잘못한 일, 가슴 아픈 일 등을 떠올린다. 회사에서 저지른 큰 실수를 잠들기 직전까지 마음에 담아뒀다가 '이렇게 할걸', '저렇게 할걸' 하며 후회하다 잠이 든다.

다시 말하지만 잠들기 전 15분은 기억의 골든타임이다. 따라서 실패한 경험을 떠올리며 잠들면 그게 머릿속에 각인된다. 그럼 다음 날도 찜찜한 기분으로 출근해야 할 뿐 아니라 그 기억이 계속 뇌리를 맴돌며 오래도록 영향을 미친다.

이런 일이 반복되다 보면 머릿속은 패배감과 불안감으로 가득 차고 점차 '나는 최악의 인간이야', '무엇을 해도 안 돼' 하는 생각에 사로잡힌다. 결국 자존감이 떨어져 스스로를 믿지 못하는 사람이 되고 만다.

'사람은 잠들기 전 떠올린 모습 그대로의 사람이 된다'는 말이 있는데 이는 심리학적으로 타당하다. 인간이란 잠들기 직전 유독 암시에 민감해지고 쉽게 동화되며 감수성이 예민해지는 존재기 때문이다. 다시 말해 어떤 생각을 하든 우리 잠재의식에 그대로 깃들기 쉬운 상태가 된다. 평소에는 닫혀 있던 잠재의식의 문이 잠들기 직전 열린다고 할 수 있다.

그러니 잠들기 전 그날 겪은 힘든 일을 되새기는 버릇은 고치는 편이 좋다.

오늘 있었던 즐거운 일을 SNS에 올리자

하지만 잠들기 전 오늘 겪은 불쾌한 일을 떠올리지 말자고 다짐할수록 오히려 더 생생하게 떠오르기 마련이다. 그럴 때는 오늘 있었던 즐거운 일 하나를 떠올려보자.

인간은 동시에 2가지 생각을 할 수 없다. 따라서 즐거운 일에 집중하면 자연히 힘든 일은 잊힌다. 다만 그저 '떠올리는' 것만으로는 부족할 수 있으니 글로 적는 것이 좋다. 수첩이나 일기장에 적어도 좋고 페이스북 같은 SNS를 활용해도 좋다.

나는 SNS에 실시간으로 글을 올리는 편은 아니다. 하지만 하루를 마무리할 즈음에는 꼭 그날 있었던 기분 좋은 일을 사진과 함께 올린다. 잠들기 15분 전 기록한 일은 유난히 기억에 오래 남는다.

기록이 쌓이면 머릿속도 점점 즐거운 기억으로 채워진다. 떠오르는 기억이 하나같이 좋은 일뿐이니 어느 순간부터는 인생이 몹시 즐겁게 느껴지기 때문이다.

05

월요일 아침이 우울한 이유

이로써 월요일부터 금요일까지 평일을 어떻게 활용하면 좋을지 모두 살펴봤다. 그럼 휴일은 어떻게 보내야 할까? 혹시 지금까지 당신이 '휴식'이라고 믿어온 방식에 문제가 있는 건 아닐까? 이제부터는 참된 휴식으로 이어지는 효과적인 '휴일 활용법'을 소개하려 한다.

효과적인 주말 활용법

항상 일이 바쁜 사람은 주말이 되면 피로가 누적돼 '오늘만큼은 누구에게도 방해받지 않고 오후까지 쭉 자고 싶다' 하는 마음이 간절할 것이다. 하지만 그러면 오히려 뇌의 능률만 떨어지니 가급적 피하는 편이 좋다.

인간은 아침에 일어나 햇볕을 받으면 그에 맞춰 체내 시계가 리셋된다. 즉, 몇 시에 기상하느냐에 따라 그날 졸린 시간과 잠드는 시간이 결정된다.

예를 들어 평일에는 오전 7시에 일어나던 사람이 주말에는 오전 11시에 일어나면 수면-각성 리듬이 4시간 늦춰진다. 그 결과 일요일 밤에 쉽게 잠들지 못해 새벽 3시쯤에야 잠들게 된다. 하지만 월요일 아침에는 다시 7시에 일어나야 하니 하루를 힘겹게 시작해야 한다. 만약 월요일 아침이 우울하게 느껴진다면 주말에 너무 많이 잤기 때문일지도 모른다.

그래도 주말에는 누구나 늦잠을 자고 싶을 것이다. 그럴 때는 평소 일어나던 시간에 최대 2시간을 더하자. 평일 7시에 일어나던 사람이라면 9시까지 일어나는 것이다. 2시간 정도는 수면-각성 리듬에 별로 큰 영향을 미치지 않는다.

'몰아 자기'라는 말이 있는데 의학적으로는 틀린 표현이다. 생리학적으로 몰아 자는 것은 불가능하다는 사실이 입증됐기 때문이다. 과거의 수면 부족을 해소하거나 수면에 진 빚을 갚을 수는 있다. 하지만 주말에 오래 잔다고 해도 절대 다음 주 수면 부족에 대비해 잠을 비축할 수는 없다.

일어나는 시간과 잠드는 시간을 매일 일정하게 유지하고 한 번 잘 때 충분히 자는 것이 몸의 건강 면에서나 뇌의 효율 면에서나 가장 좋은 수면 습관이다.

주말에 많이 자도 집중력은 회복되지 않는다

평소 잠을 줄여도 주말에 많이 자면 부족한 잠을 보충할 수 있다고 생각하는 사람이 많을 것이다. 하지만 펜실베이니아 주립대학 알렉산드로스 브곤차스 박사의 연구로 이는 오해라는 사실이 밝혀졌다.

그는 13일 동안 실험 참가자에게 처음 4일은 8시간, 다음 6일은 6시간, 마지막 3일은 10시간 자게 했다. 그리고 스트레스 호르몬 수치와 뇌파를 측정하는 한편 주의력·집중력 등이 반영된 인지 기능 검사를 실시했다.

　5일째 되던 날 수면 시간을 2시간 줄이자 스트레스 호르몬 수치 상승, 뇌파 이상, 인지 기능 저하가 관찰됐다. 그 후 3일간 다시 수면 시간을 10시간으로 늘리자(주말의 '몰아 자기'를 재현) 스트레스 호르몬 수치가 낮아지고 뇌파도 정상으로 돌아왔지만 인지 기능만큼은 회복되지 않았다. 평일에 수면이 부족하더라도 주말에 많이 자면 뇌가 회복된다는 생각은 오해임이 밝혀진 것이다.

　평일에 잠을 줄여 일하고 주말에 10시간씩 잔다고 해도 뇌의 피로는 쉽게 회복되지 않는다. 수면 부족으로 떨어진 집중력은 단 이틀의 휴일만으로는 되살릴 수 없다. 그 결과 휴일이 끝나도 집중력이 낮고 능률이 오르지 않는 상태가 이어진다. 만성적 수면 부족에 시달리는 사람은 1년 365일 내내 능률을 100% 발휘하지 못한 채 일이나 공부를 하게 된다.

　휴일에 잠을 많이 자는 것은 몸의 피로를 푸는 데는 도움이 될 수 있지만 수면 부족으로 인한 뇌의 피로를 회복하기에는 부족하다. 주말에 몰아서 자는 것보다 평소 수면 시간을 충분히 확보하는 것이 몇 배는 더 중요하다.

06

성장호르몬으로
회복하는 방법

　직장인이라면 평일에 바쁘게 일할 수밖에 없다. 지친 나머지 '주말에는 그냥 소파에 누워 뒹굴고 싶다' 하고 느끼는 사람도 많을 것이다. 하지만 이건 결코 추천할 만한 주말 활용법이 아니다.

　그 대신 운동을 추천한다. 피곤할수록 운동을 해야 한다. '운동을 하면 더 피곤하지 않나? 피곤할 때 운동을 하라는 건 아무리 봐도 모순이다' 하고 생각할 수도 있다. 하지만 결코 모순이 아니다. 오히려 의학적으로 가장 합리적인 피로 회복법이 바로 운동이다.

운동에는 집중력 향상 외에도 다양한 효과가 있다고 앞서 말한 바 있다. 특히 중요한 것은 운동을 하면 '성장호르몬'이 분비된다는 사실이다. 성장호르몬은 면역력 향상, 세포 재생, 신진대사 촉진, 노화 예방 등의 효과가 있어 피로 회복에 탁월하다. 그뿐 아니라 운동은 숙면을 유도해 피로 회복 효과를 2배로 높여준다.

따라서 나는 하루 1시간 이상의 유산소운동을 추천한다. 걷기, 달리기, 수영, 에어로빅, 구기 종목 등 내게 알맞고 즐거운 운동을 찾아 살짝 땀이 날 정도로 해보자.

나는 일주일에 4~5번 운동하러 간다고 했는데 그중에서도 일요일 오후는 가장 붐비는 시간대다. 에어로빅 수업을 1시간 듣고 나면 거의 모든 참여자의 얼굴에 상쾌한 미소가 번진다. 스트레스가 말끔히 풀렸기 때문이다. 이보다 더 좋은 휴일 활용법은 없을 것이다.

주말에 단 1시간만 운동해도 집중력과 행복감 그리고 건강 같은 인생에 필요한 요소 대부분을 얻을 수 있다. 평일에는 운동이 쉽지 않은 사람이 많을 테니 적어도 주말만큼은 1시간 정도 운동에 투자하길 바란다.

상호 보완으로 재충전하는 방법

지금까지는 평소 책상 앞에 앉아 일하는 사람을 대상으로 운동을 권했다. 하지만 주로 육체노동을 하는 사람이라면 휴일만큼은 소파에서 느긋하게 독서를 해도 좋다.

피로는 같은 부위를 반복적으로 과도하게 사용할 때 생긴다. 따라서 휴일에도 평소와 같은 활동을 하면 몸도 뇌도 더욱 지친다. 진정한 회복을 위해서는 평소와 다른 방식으로 몸과 뇌를 사용해야 한다.

예를 들어 평소 책상 앞에서 일해 운동이 부족해지기 쉬운 사람이라면 운동을 해 몸을 움직이고 평소 쉴 새 없이 몸을 움직이는 사람이라면 독서를 해 뇌를 사용하는 편이 좋다.

뇌과학적으로도 '언어를 관장하는 논리 뇌'와 '감각을 관장하는 예술 뇌' 사이의 균형을 유지하는 것은 중요하다. 평소 사무적인 업무를 많이 하는 사람은 휴일에 미술품 감상이나 영화 감상처럼 감성과 감정에 작용하는 활동으로 '예술 뇌'를 자극하는 것이 좋다. 반대로 평소 예술이나 디자인을 하는 사람은 독서를 통해 '논리 뇌'를 자극하는 것이 좋다.

또 업무 특성상 사람을 거의 만나지 않는다면 친구와 만나

수다를 떨고 반대로 사람을 많이 만나야 한다면 혼자만의 시간을 갖는 것이 좋다.

하지만 우리는 휴일에도 평일과 같은 활동을 하기 쉽다. 평소 아침부터 밤까지 컴퓨터로 일하는 사람은 휴일에도 인터넷을 하느라 컴퓨터나 스마트폰을 손에서 놓지 못한다. 그러면 뇌가 쉬기는커녕 오히려 더 지친다. 뇌는 균형 있게 사용해야 비로소 최고의 효율을 발휘할 수 있다.

뇌의 효율을 극대화하는 반복의 힘

지금까지 내 하루 일과를 시간 순서대로 설명했다. 이게 바로 내가 실천하는 신의 시간술이다.

중요한 점은 이 규칙적인 일과를 가능한 매일 반복해야 한다는 것이다. 가끔 해서는 소용이 없다. 매일 실천해야 생활에 리듬이 생긴다.

특히 기상 시간과 취침 시간을 일정하게 유지하는 것만으로도 컨디션은 물론 두뇌 회전이 눈에 띄게 좋아진다. 단, 이 모든 단계에는 충분한 수면이 뒷받침돼야 한다.

매일 같은 시간에 잠들고 같은 시간에 일어나 같은 일과를 반복하는 습관이야말로 뇌의 효율을 극대화하는 방법이다. 리듬이 생기면 몸이 저절로 반응한다. 아침에 샤워하면 집중력이 단번에 최고조에 이르고 점심 식사로 한 번, 운동으로 또 한 번 리셋하면 그때마다 집중력이 다시 올라간다. 이런 '매일의 리듬'이 자리 잡으면 집중력을 스스로 조절할 수 있다.

전 프로야구 선수 스즈키 이치로는 한 인터뷰에서 매일 같은 시간에 일어나 카레라이스를 먹고 야구장으로 향한다고 밝혔다. 심지어 야구장에 도착해서 시합 전 워밍업을 하는 방법도, 타석에 들어서기까지의 동작도 모두 정해져 있는데 이 루틴을 하루도 빠짐없이 반복했다고 한다. 이것이야말로 전문적인 시간 관리다.

같은 일을 반복하면 그 행동이 강화된다. 몸이 리듬을 기억해 정해진 시간에 최고의 효율을 발휘하면 비로소 완벽해진다. 중요한 것은 '내 리듬을 깨뜨리지 않는' 일이다. 이것이 매일 일정하게 높은 집중력을 발휘하는 가장 큰 비결이다.

뇌과학에 근거한 최고의 하루

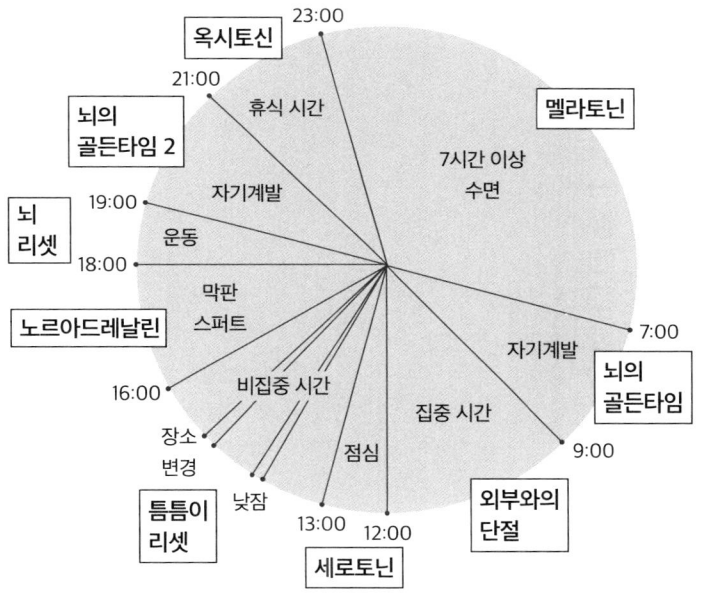

(6장)

일
시간 창출 업무법

많은 사람이 시간을 그저 '쓴다'고만 생각한다. 그런데 나는 시간이란 써서 '만들어내는 것'이라고 믿는다. 시간 소비형 업무 방식만 고수하면 바쁘고 시간 없는 일상에서 결코 벗어날 수 없다.

이번 장에서는 투자하듯 시간을 만들어내는 방법, 즉 업무에서의 '시간 창출법'을 소개하겠다.

01

'FOR YOU' 업무법
: 신뢰와 시간을 모두 얻는 법

배려는 결국 되돌아온다

시간에 쫓겨 '바쁘다'는 말을 입에 달고 사는 사람일수록 약속 시간에 자주 늦는다. 그러고는 "앞선 회의가 길어져 늦었습니다, 죄송합니다"라는 변명을 늘어놓는다.

이는 '나의 시간'은 소중히 여기면서 '타인의 시간'은 소홀히 하는 태도다. 그럴 때마다 타인의 시간을 빼앗는 동시에 그의 신뢰도 잃고 있음을 깨달아야 한다.

〈프롤로그〉에서도 언급했듯 세상에서 가장 소중한 자원은 시간이다. 그렇기에 나의 시간만큼이나 타인의 시간도 소중히 여기고 존중해야 한다. 그래야 상대 역시 당신의 시간을 존중하고 불필요하게 업무가 지연되는 일이 줄어 더 많은 시간을 확보할 수 있다.

시간에 대한 배려는 곧 신뢰로 이어진다. 다시 말해 '상대를 위하는(FOR YOU)' 마음으로 일하면 그 진심은 몇 배의 협조로 되돌아온다. 이게 바로 지금부터 소개할 'FOR YOU 업무법'의 핵심이다.

FOR YOU 업무법 1 ASAP 방식

급한 업무를 먼저 처리하는 것은 비즈니스의 기본이다. 하지만 '긴급도'를 정확히 판단하기란 상당히 어렵다.

나는 '기다리는 사람이 있는 업무', 즉 '누군가 대기 중인 업무'부터 최대한 빨리(ASAP) 처리한다. ASAP는 'as soon as possible'의 약자로 미국에서는 일상적으로 쓰이는 표현이다.

시카고 유학 시절, 점심을 먹고 돌아와 보니 책상 위에 "ASAP, 지금 당장 교수실로"라는 메모가 남겨져 있어 가슴이

철렁 내려앉은 기억이 있다. ASAP는 매우 시급해 빠른 조치가 요구될 때 쓰인다.

타인이 기다리고 있는 상황에서 업무 처리가 늦어지면 상대가 곤란해진다. 만약 내가 1시간을 늦으면 나의 1시간에 상대의 1시간까지 더해져 총 2시간이 낭비된다.

가장 흔한 사례가 바로 원고 마감이다. 마감일을 하루 넘기면 나뿐 아니라 상대도 하루를 잃는다. 그 하루를 만회하기 위해 상대는 바쁘게 움직여야 한다. 결국 나의 태만, 느슨함, 허술함의 대가를 상대에게 고스란히 전가하는 셈이다.

기존 시간술로는 업무의 우선순위를 정할 때 A, B, C로 나눈 뒤 A를 다시 A1, A2, A3처럼 세분화해 가장 급한 일부터 처리해 나간다. 나는 이 A1 앞에 'ASAP'를 설정해 기다리는 사람이 있는 업무를 맨 먼저 처리한다.

마감일을 지키는 사람이나 납기일을 지키는 회사라는 인식이 자리 잡히면 신뢰도가 빠르게 상승한다. 그만큼 다음 의뢰를 받을 확률도 비약적으로 높아지고 단골이 늘어나면 결과적으로 수익도 증가한다. ASAP 방식을 철저히 지키면 '신뢰'와 '수익', 둘 다 얻을 수 있다.

FOR YOU 업무법 2 30분 일찍 움직이기

지각하지 않는 것은 사회인이라면 마땅히 지켜야 할 기본 예의다. 하지만 스마트폰이 보급된 후로 왠지 지각하는 사람이 늘어난 느낌이다. "10분 늦습니다"라고 메시지만 보내면 지각해도 괜찮은 듯한 분위기인 요즘 현실이 씁쓸할 따름이다.

나는 3시에 약속이 있으면 30분 전까지 약속 장소에 도착하려고 노력한다. 때로는 지하철이 지연되거나 환승 구간이 길어 예상보다 시간이 더 걸리는 경우도 있지만 30분 전 도착을 목표로 하면 약속에 늦을 일은 거의 없다.

30분 일찍 도착하면 일종의 시간 낭비처럼 느껴질 수도 있는데 사실 이 정도 시간이면 노트북을 열어 한차례 일을 하기에 충분하다. 아니, 30분은 집중 시간 단위 중 하나인 15분의 2배니 정확히 말하면 '두 차례'는 거뜬히 일할 수 있다. 게다가 30분 후 상대가 온다는 사실이 주는 시간 압박 때문에 집중력도 높아진다. 제한 시간이 주어지면서 평소 집에서 하던 것보다 1.5배 많은 일을 처리할 수 있다. 30분 일찍 움직인 덕분에 10~15분의 시간을 더 번 셈이다.

또 30분 전에 움직이면 시간을 훨씬 유연하게 쓸 수 있다.

상대가 10분 일찍 오면 회의도 그만큼 일찍 끝나겠지만 혹시 10분 늦더라도 작업을 마저 하면 되니 시간이 별로 허비되지 않는다.

어차피 작업에 집중하면 상대가 얼마나 늦든 크게 신경 쓰이지 않는다. 짜증도 나지 않는다. 무엇보다 내가 약속 시간보다 일찍 도착했다는 사실을 알면 상대는 틀림없이 미안해하며 "이렇게 일찍 와주시다니요"라고 고마움을 표현할 것이다.

단 30분만 일찍 움직여도 집중력이 높아지고 일도 빠르게 진척된다. 그 결과 시간을 벌 수 있을 뿐 아니라 상대의 신뢰까지 얻을 수 있으니 이보다 더 효율적인 시간 투자는 없다.

FOR YOU 업무법 3 시간 엄수

나는 세미나를 진행할 때 반드시 정해진 시간에 시작한다. '오후 6시 30분 시작'이라고 돼 있다면 무슨 일이 있어도 정확히 그 시간에 맞춘다. 1분 1초도 기다리지 않는다. 아주 당연한 일처럼 보이지만 의외로 제시간에 시작되는 세미나는 드물고 대부분 몇 분씩 늦게 시작한다.

참석자가 100명일 때 3분 늦게 시작하면 '100명×3분 = 300분'이니 무려 5시간이 낭비되는 셈이다. 그뿐 아니라 강사의 강의 시간도 3분 줄어들어 참석자 입장에서는 강의가 단축된다는 점에서 큰 손해를 본다.

세미나에서 자주 듣는 말이 있다. "아직 오지 않은 분이 많으니 10분 후에 시작하겠습니다"라는 공지다. 주최자 측에서는 배려라고 생각하겠지만 내게는 그야말로 최악의 사태다. 왜 지각하는 사람을 위해 제시간에 온 사람이 기다려야 하는가. '100명×10분 = 1,000분'이니 무려 16시간 30분이 낭비되고 강의도 10분이나 짧아진다. 정말이지 말도 안 되는 일이다.

회사에서 회의를 할 때도 마찬가지다. 3시에 시작하기로 했다면 3시 정각에 시작해야 한다. 하지만 실제로는 항상 3시 5분쯤 시작하다 보니 참석자도 '어차피 딱 3시에 시작하진 않겠지' 하고 생각하며 조금씩 늦게 온다. 이런 분위기가 결국 시간 낭비라는 악순환으로 이어진다.

사장이 정확히 3시에 자리에 앉아 1분 1초도 기다리지 않고 정시에 회의를 시작하면 다른 사람도 반드시 3시까지 자리에 앉아 기다릴 것이다. 오지 않은 사람을 기다리기보다 정해진 시간에 시작하는 것이야말로 타인의 시간을 존중하는 일이다.

개인 대 개인은 물론 수십 명 또는 수백 명이 모인 집단이나 단체일수록 시간은 더욱 엄격하게 지켜져야 한다. 시간에 느슨한 태도는 결국 신뢰를 크게 떨어뜨린다. 사업이란 신뢰 없이는 성립되지 않는다. 그런 만큼 시간 엄수는 필수다.

FOR YOU 업무법의 최대 장점

시간을 지키는 사람이라는 인식이 자리 잡으면 신뢰도는 반드시 높아진다. 실제로 실천해보면 그 효과를 분명히 체감할 수 있을 것이다.

반대로 시간 개념이 느슨한 사람은 큰 신뢰를 잃고 업무나 사업 기회를 놓친다. 그러나 본인은 그 사실을 자각하지 못하는 경우가 많다. 바쁘다는 감각이 상대에게 폐를 끼친다는 인식마저 흐리기 때문이다.

하지만 FOR YOU 업무법을 철저히 실천하면 상대 태도도 달라진다. 내가 약속 시간 훨씬 전에 카페에 도착했다는 사실을 알면 상대도 반드시 약속 시간보다 일찍 나온다. 절대 지각하지 않는다.

내 세미나가 무조건 정시에 시작된다는 사실을 아는 참석자는 반드시 시작 시간보다 먼저 도착해 제시간에 자리에 앉는다. 결국 시작 시간에는 대부분의 참석자가 이미 착석해 있다. 이는 곧 시간을 창출한 것과 같은 효과를 낸다.

시간에 대한 긴장감은 세미나에 대한 긴장감, 즉 집중력을 높인다. 그 결과 참석자의 학습 효과가 높아지고 만족도도 올라가 자연스럽게 좋은 평가로 이어진다.

FOR YOU, 다시 말해 상대의 시간을 존중하면 결국 나의 시간으로 돌아온다. 그로 인해 상대의 신뢰도 얻을 수 있다. FOR YOU 업무법은 일석이조의 효과를 거둘 수 있는 탁월한 업무 방식이다.

02

'바로 지금' 업무법
: 미루지 않고 행동하는 힘

2013년쯤 "바로 지금이야!"라는 말이 유행이었다. 이젠 꽤 진부해졌지만 사실 이 말이 유행하기 훨씬 전부터 나는 '지금을 산다'는 말을 좌우명으로 삼고 있었다. 해야 할 일을 미루지 않고 '지금'에 집중해 하나하나 처리해 나가는 것, 이것이야말로 지금을 사는 태도이며 '바로 지금' 업무법의 핵심이다.

바로 지금 업무법 1 2분 안에 끝날 일인지 판단하기

금방 끝날 일은 미루지 말고 지금 당장 처리하는 편이 좋다.

이렇게 말하면 꼭 "금방 끝날 일이라는 건 정확히 몇 분 내에 끝나는 일을 말하나요?"라고 짓궂게 묻는 사람이 있다.

그럴 만도 하다. 실제로 "금방 끝난다"라는 말의 정의가 명확하지 않으면 '이 일은 5분이면 끝날 텐데 지금 하는 게 좋을까 나중에 하는 게 좋을까?' 하고 고민할 수 있다. 하지만 '어쩌지?' 하며 망설이는 사이에도 시간은 흘러간다. 이런 상황을 막기 위해서라도 금방 끝날 일의 기준을 정해두는 편이 좋다.

금방 끝날 일이란 콕 집어 말하면 '2분 안에 끝나는 일'을 뜻한다. 이 기준은 데이비드 앨런의 저서 《쏟아지는 일 완벽하게 해내는 법》에 제시돼 있다.

근거는 무엇일까. 3분도 아니고 1분 30초도 아닌 하필 2분인 이유는…… 딱히 없다. 2분은 어디까지나 하나의 기준점일 뿐이다.

'이 일은 금방 끝날까?' 하고 생각하기보다 '이 일은 2분 안에 끝날까?' 하고 생각하는 편이 끝날지 안 끝날지 즉각 판단할 수 있어 더 합리적이다.

2분 안에 끝날 일의 대표적인 예는 '이메일 답장'이다. '지금 말고 이따가 한가할 때 하자' 하며 답장을 미뤘다고 치자. 그럼 나중에 다시 메일함에서 그 메일을 찾아 열어 내용을 다시 읽어야 한다. 이 과정에만 30초~1분 정도가 허비된다.

바로 답장하면 1~2분이면 끝날 일이지만 나중으로 미루면 쓸데없이 1분을 더 들여야 한다. 정말이지 시간 낭비다. 그러니 2분이면 끝날 일은 미루지 말고 지금 당장 처리하자.

바로 지금 업무법 2 30초 안에 결정하기

'망설임'은 곧 시간 낭비로 이어진다. 지금 결정하지 않는다는 것은 나중에 다시 시간을 들여 꼼꼼히 검토한다는 의미인데 이 또한 시간 낭비의 악순환을 초래한다.

당신이 경영자나 관리자라면 당신의 결정 없이는 다른 사람이 움직일 수 없다. 결정이 늦어지면 부하 직원의 시간이 낭비되고 나아가 회사 전체의 업무에도 제동이 걸린다. 대다수의 사람이 중요한 결정일수록 시간이 필요하다고 생각하는데 그건 착각이다.

'퍼스트 체스 이론'이라는 것이 있다. 한 연구에서 체스 달인에게 체스판을 보여주고 다음 수를 말해달라고 했다. 먼저 30초 동안 시간을 주고 가장 먼저 떠오른 수를 말하게 하고 그다음으로 1시간 동안 곰곰이 생각한 뒤 다시 수를 말하게 했다. 그 결과 30초를 생각해서 말한 수와 60분을 생각해서 말한 수가 90% 확률로 일치했다고 한다.

이는 순간적인 번뜩임이나 직감이 꽤 정확하다는 증거다. 또는 오래 고민한 결과가 처음 내린 판단과 크게 다르지 않다는 의미기도 하다. 30초 생각했을 때와 60분 고민했을 때의 결론이 같다면 30초만 생각해도 충분하다. 오래 고민한다고 해서 더 나은 판단을 내릴 수 있다는 보장은 없다.

그러니 매일의 결정을 30초 안에 속전속결로 내리자. 이것이야말로 시간을 크게 절약하는 비결이다.

바로 지금 업무법 3 결정하지 않기로 결정하기

하지만 '정말 중요한 일'은 30초 안에 결정할 수 없다. 답변이나 정보가 없어 최종 판단을 내릴 수 없을 때도 있다. 그 경우 '지금은 정하지 말자. 5월 30일 12시에 정하자' 하는 식으로 다짐하자. 즉, 결정하지 않기로 결정하는 셈이다. 이는 의식적인 '보류'다.

이렇게 하면 그날이 올 때까지 그 일을 여러 번 생각하지 않아도 된다. 기한이 다가와 정보가 모이면 그때 다시 판단하고 결단을 내리면 된다.

결정을 보류하지 않으면 '그러고 보니 ○○ 건은 어떡하지?' 하는 생각이 자꾸 머릿속을 맴돈다. 하지만 그 일은 지금 결정할 수 없으니 고민해봤자 소용이 없다.

생각이란 내 뜻대로 되지 않아 멋대로 떠오르기 마련이다. 하지만 마음속으로 확실히 보류하기로 다짐하고 최종 결단을 내릴 기한까지 정하면 잡념은 자연스럽게 사라진다.

걱정거리나 미해결 안건이 많으면 자꾸 그 생각이 떠올라 뇌의 작업 공간(워킹 메모리)을 차지하고 그로 인해 집중력과 업무 효율이 떨어진다. 반면 결정하지 않기로 결정하면 워킹 메모리를 절약할 수 있어 보류된 기간 동안 집중력이 상대적으로 높아진다. 즉, 집중할 수 있는 시간이 새롭게 창출된다.

바로 지금 업무법 4 기한이 아닌 시점 정하기

　결정하지 않기로 결정할 때 중요한 점은 '5월 30일 12시에 정하자' 하는 식으로 구체적인 시점을 못 박는 것이다. 하지만 대부분의 사람은 일을 미룰 때 '언제까지'라는 막연한 기한만 설정한다. 그러면 기한이 다가와도 '앗, 아직은 정할 수 없는데' 하며 또 한 번 결정을 미루기 마련이다.

　당장 해결할 수 없는 안건이 있을 때 기한을 두루뭉술하게 설정하는 것은 잘못된 방식이다. '5월 25일 15시부터 16시 사이에 끝내자' 하고 구체적인 시간대를 지정하는 것이 좋다. 그리고 그 시간은 다른 일정을 잡지 말고 꼭 확보해야 한다. 그래야 그 일을 확실하게 5월 25일까지 끝낼 수 있다.

　'기간'이라는 개념은 시간을 1차원적인 '선'으로 인식하는 방식이다. 반면 바로 지금 업무법은 시간을 지금이라는 '점'으로 인식한다. 따라서 일을 미룰 때도 미래의 특정 시점을 점처럼 한정된 시간으로 간주해 스케줄을 잡는다.

　매 순간을 소중히 여겨 점과도 같은 찰나의 시간을 목표로 단숨에 일을 처리하는 것이 바로 지금 업무법의 기본이다.

바로 지금 업무법 5 지금 약속 정하기

모임 등에서 만난 사람과 마음이 통해 "그 일은 나중에 따로 만나 다시 이야기합시다"라는 말이 오갈 때가 종종 있다. 그런데 그 뒤에 정말 유감스러운 한마디가 이어진다. "일정은 나중에 연락드리겠습니다"라는 말이다.

나중에 연락하겠다고 말하는 사람일수록 실제로는 연락하지 않는 경우가 많다. 그러면 모임에서 나눈 10~15분간의 대화는 결국 물거품이 되고 만다. 설령 나중에 진짜 연락이 오더라도 이메일이나 문자를 여러 번 주고받아야 서로에게 괜찮은 시간과 장소를 조율할 수 있다. 그럴 바에는 지금 당장 약속을 잡는 편이 훨씬 낫다.

나는 정말 따로 만나 자세한 이야기를 나누고 싶다면 "그럼 언제로 할까요?"라고 물으며 일정표를 꺼내 그 자리에서 약속을 잡는다. 날짜와 시간을 맞추는 데 1분도 채 걸리지 않는다.

"나중에 연락드리겠습니다"라고 말하는 사람은 '지금'에 집중하지 않는 사람이다. 상대에게 별로 관심이 없을뿐더러 사실은 만나고 싶지 않으면서 그저 인사치레로 "따로 만나 이야기합시다"라고 둘러대는 것뿐이다.

"그럼 언제로 할까요?"라고 물었을 때 "요즘 일이 바빠서 요"라며 회피하는 사람도 마찬가지다. 정말 따로 만나고 싶다면 다른 약속을 취소해서라도 당신과의 일정을 잡을 것이다.

지금 당장 약속을 잡으려고 시도해보면 그 순간 나에 대한 상대의 관심도를 가늠할 수 있다. 상대가 진심인지, 내게 관심이 있는지 바로 판단이 선다. 어떤 의미에서 보면 상대의 진심을 꿰뚫어 보는 심리 기술이라고도 할 수 있다.

바로 지금 업무법 6 지금에 집중하는 사람과 일하기

"나중에 연락하겠습니다"라고 말하는 사람이 모두 나쁘다는 뜻은 아니다. 그중에는 아주 신중하거나 조심스럽게 일을 진행하려는 사람도 있을 것이다. 하지만 나는 그런 사람과는 함께 일하지 않는다. 시간이 아깝기 때문이다.

세상에는 두 종류의 인간만 존재한다. 지금에 집중하는 사람과 그러지 않는 사람이다. 일본의 피트니스 기업 라이잡(RIZAP)은 '결과에 집중한다'를 캐치프레이즈로 내걸고 있는데 내 좌우명은 '지금에 집중하자'다.

지금에 집중하는 사람이란 '바로 지금 업무법'을 실천하는 사람이다. 실행할지 말지, 참여할지 말지 등을 빠르게 결정하고 약속도 단번에 잡는다. 이런 사람과 함께 일하면 속도감 있게 일할 수 있다.

지금에 집중해 사는 사람은 답장이 빠르고 마감 기한을 잘 지킬 뿐 아니라 일도 꼼꼼하게 처리하는 경우가 많다. 서로 상대의 시간을 존중하기 때문에 기분 좋게 협업할 수 있다.

당신이 사업 파트너를 선택하는 위치에 있다면 반드시 지금에 집중하는 사람을 골라야 한다. 그래야 단시간에 더 뛰어난 성과를 거둘 수 있다. 이것이야말로 시간을 만들어내는 방법, 시간 창출의 비결이다.

바로 지금 업무법 7 지금에 집중해서 살기

나는 지금에 집중하는 삶을 살고 있다. 지금에 집중한다는 것은 곧 '지금 한다', '당장 한다', '미루지 않는다'는 뜻이다. 나아가 지금 이 순간 온 힘을 다해 끝까지 해낼 것을 나 자신과 약속하는 일이기도 하다.

만약 지금 하지 못한다면 그날 안에 한다. 그날 일은 그날 마무리한다. 일도 놀이도 하루 안에 끝장을 본다. 무슨 일이 있어도 오늘 일은 가급적 오늘 안에 마치려 노력한다.

놀이도 마찬가지다. 솔깃한 제안이 있으면 절대 거절하지 않는다. 본능이 이끄는 대로 움직인다. 일정이 꽉 차 있다면 속도를 내 얼른 마무리하고 밤 시간만큼은 나 자신을 위해 쓴다. 일에도 놀이에도 최선을 다한다. 설령 살날이 하루밖에 남지 않았다고 해도 후회하지 않을 삶, 이것이 바로 지금에 집중하는 삶이다. 이렇게 살면 결코 후회할 일이 없다.

흔히 "타임머신을 타고 1년 전으로 돌아간다면 어떻게 살고 싶은가?"라는 질문을 한다. 나는 과거로 돌아간다 해도 지금과 똑같을 거라고 단언할 수 있다. 왜냐하면 매 순간 100% 최선을 다해 살았기 때문이다. 다시 되풀이해도 지금보다 더 나을 순 없다. 날마다 더할 나위 없이 최선을 다해 살고 있다.

당신도 오늘부터 지금에 집중하는 삶을 살길 바란다.

03

병행 업무법
: 같은 시간에 2배의 성과 만들기

학창 시절 라디오를 들으며 시험공부를 한 사람이 많을 것이다. 그런데 그 방법이 과연 효율적일까?

뇌과학적으로는 이미 결론이 난 문제다. 여러 논문에 따르면 인간의 뇌는 멀티태스킹이 되지 않는다. 한 번에 2가지 일을 처리하는 것은 뇌과학적으로 불가능하다. 언뜻 보면 동시에 처리하는 것처럼 보여도 뇌 속에서 회로 2개를 재빨리 오가는 것뿐이다.

예를 들어 텔레비전을 보면서 책을 읽는 일이 겉보기에는 가능한 것처럼 보인다. 하지만 이는 뇌의 텔레비전을 보는 회로와 책을 읽는 회로가 1초 단위로 수시로 전환돼 그렇게 보이는 것일 뿐이다.

다시 말해 2가지 일을 동시 진행한다고 해도 결코 속도는 빨라지지 않는다. 오히려 효율이 떨어져 난도가 높은 2가지 일을 동시에 할 경우 각각 따로 할 때보다 더 많은 시간이 걸린다. 자칫하면 1시간이면 끝날 일을 2시간이나 들여야 할지도 모른다.

동시 진행이 아니라 병행에 힘쓰기

동시에 2가지 일을 하면 뇌의 효율이 떨어진다. 가장 알기 쉬운 예는 '걸으면서 스마트폰 보기'인데 이는 매우 위험한 행동이다. 다른 사람과 부딪치는 것은 물론 자칫 플랫폼에서 떨어질 수도 있다. 스마트폰에 정신이 팔리면 주의력이 낮아지기 때문이다.

2가지 일을 동시에 처리하기란 기본적으로는 어렵다는 사실을 명심하자. 하지만 둘 중 하나가 아주 단순한 일이라면 이야기는 달라진다.

예를 들어 지하철로 이동할 때 독서하는 경우를 생각해보자. 지하철 안에서는 그저 앉거나 서 있기만 하면 되니 동시에 책을 읽을 수 있다.

입욕 중에 책을 읽거나 골똘히 생각에 잠기는 사람도 있다. 욕조 안에 가만히 있기만 하면 되니 동시에 다른 일을 하기에 적합하다. 특히 목욕물에 몸을 담근 상태에서는 잡념이 줄어들어 집중하기 좋고 몸과 마음이 이완돼 아이디어도 잘 떠오른다. 입욕 시간은 아이디어를 짜는 시간으로 더할 나위 없다.

걷기와 생각하기도 궁합이 좋다. 걸으면 뇌가 활성화돼 좋은 생각이 샘솟는다. 이렇게 지하철 타기나 입욕하기, 걷기처럼 아주 단순한 활동을 할 때는 동시에 다른 일을 처리하거나 깊은 생각에 잠길 수 있다. 나는 이를 동시 진행과 구별해 '병행'이라고 부른다.

이동 중에 책을 읽는다는 것은 이동한 시간만큼 독서 시간을 확보할 수 있다는 뜻이다. 즉, 1시간을 이동하면 독서 시간도 1시간 확보돼 결국 1시간이 추가로 생기는 셈이다.

입욕하는 동안 아이디어를 짜는 것도 마찬가지다. 30분 입욕하면 아이디어를 짜는 시간도 30분 확보되며 오히려 책상 앞에서 생각하는 것보다 더 효율적일 수도 있다. 따라서 실제로는 30분 투자로 40~60분 효과를 누리는 셈이다.

함께하면 효율이 떨어지는 일을 동시 진행하는 것이 아니라 함께하면 효율이 비약적으로 높아지는 일을 '병행'하면 하루에도 몇 시간을 추가로 확보할 수 있다.

우리는 통근이나 통학을 위해 지하철 안에서 꽤 많은 시간을 보낸다. 수도권에서 근무하는 직장인의 평균 통근 시간은 편도 약 1시간이라고 했다. 즉, 이동에만 하루에 2시간을 빼앗기는 셈이다. 수면 시간을 제외하면 하루의 10% 이상을 이동에 들이는 것이다.

이 시간을 의미 있게 쓰려면 어떻게 해야 할까? 나는 이동 중 3가지 활동을 병행한다. 바로 책 읽기, 귀로 배우기 그리고 생각하기다.

일을 병행하는 법 1 이동하며 독서하기

독서를 권하면 대부분의 사람이 시간이 없다고 말한다. 하지만 이동 시간을 활용하면 시간이 없어도 독서를 할 수 있다.

나는 한 달에 책을 약 20~30권 읽는데 집에서는 읽지 않고

늘 이동 중에 읽는다. 의지만 있다면 이동 시간만 잘 활용해도 한 달에 20~30권을 읽을 수 있다. 나만큼 많이 읽진 않더라도 지하철로 통근하는 직장인이라면 누구나 이동 시간을 활용해 한 달에 5권 정도는 읽을 수 있다.

지금부터는 이동 시간에 효율적으로 책을 읽는 비결을 소개하겠다.

오늘 읽을 책을 정하자

아침에 집을 나서기 전 오늘 읽을 책을 정하고 그 책 1권만 가방에 넣자. 그러면 대체로 집에 돌아올 즈음에는 그 책을 다 읽을 수 있다.

할당량이라고 하면 조금 딱딱하게 들리니 목표량이라고 하자. 이동 시 독서 목표량을 정하면 도파민이 분비돼 동기가 부여되고 집중력과 학습 효율도 높아진다.

하루 1권은 독서가 습관이 되면 딱 알맞은 속도다. 20쪽 정도 남은 채 귀가하면 이튿날 책 2권을 들고 나가야 하는데 생각만 해도 번거롭다. 반면 하루 안에 다 읽으면 아직 내용이 또

렷하게 기억에 남아 생각을 정리하기가 훨씬 수월하다. 자연히 책의 내용을 파악하는 데도 도움이 된다. 이런 장점이 있다 보니 기필코 오늘 안에 다 읽고 말겠다는 의지가 생긴다.

하루 1권이 부담스럽다면 '일주일에 1권'부터 시작해보자. 그 후 사흘에 1권, 이틀에 1권으로 점차 속도를 높여가면 된다.

'언제까지 책을 읽겠다'고 목표를 세웠다면 반드시 그 목표를 지키자. 그러면 지하철 안에서 게임을 하거나 이메일이나 문자를 확인할 틈이 없다. 굳이 확인하고 싶다면 책을 다 읽은 다음으로 미룰 각오가 필요하다. 이렇게 하면 독서에 적당한 압박이 가해져 집중력이 높아진다.

다 읽으면 반드시 아웃풋을 내자

책을 읽었으면 반드시 아웃풋을 내야 한다. 다시 말해 책에 대한 감상을 글로 써야 한다. 아웃풋이 없으면 아무리 책을 많이 읽어도 금방 내용을 잊고 만다. 그러면 독서를 해도 아무 의미가 없다.

지하철로 이동하는 중에는 글을 쓰기 어려우니 나는 집에 돌아가서 쓴다. 페이스북 등의 SNS나 블로그 게시판에 읽은 책의 감상을 적는다.

가장 간단한 방법은 '3가지로 요약하기'다. 책을 읽고 느낀 점을 각각 1줄씩 3가지로 정리하는 방식인데 3분이면 충분하다. 독서 감상의 구체적인 기록법은 나의 또 다른 책 《나는 한 번 읽은 책은 절대 잊어버리지 않는다》에 소개돼 있으니 참고하길 바란다.

전자책을 활용하자

사실 붐비는 지하철 안에서는 책을 읽기조차 쉽지 않다. 그럴 때는 전자책을 활용하면 좋다.

전자책은 스마트폰이나 태블릿 PC로 읽으니 공간을 많이 차지하지 않고 책장을 한 손으로 넘길 수 있다. 만원 지하철에서 손에 가방을 들고 있어도 다른 손으로 거뜬히 읽을 수 있다.

책 읽는 속도가 빠른 사람은 책 1권을 들고 집을 나서도 종종 귀가하기 전에 다 읽어버린다. 그럴 때 전자책 서가에 시간 날 때 읽고 싶은 책을 몇 권 담아두면 유용하다.

전자책은 밑줄을 치기도 편하다. 나는 책을 읽을 때 형광펜으로 밑줄을 치며 읽는 방식을 추천하는데 만원 지하철 안에서는 그렇게 하기가 힘들다. 하지만 전자책이라면 손쉽게 밑줄을 칠 수 있다.

일을 병행하는 법 2 귀로 배우기

지하철 안에는 이어폰이나 헤드폰으로 음악을 듣는 사람이 많다. 하지만 이어폰을 꽂거나 헤드폰을 썼다고 모두가 음악을 듣는 건 아니다. 음성을 들으며 공부하는 사람도 있다. 만원 지하철에 탔을 때 옆 사람 이어폰에서 희미하게 영어가 새어 나오면 '이 사람은 영어 공부를 하고 있구나' 하고 짐작한다.

음성 파일이나 음성 교재 등을 활용한 공부가 바로 '귀로 배우기'다. 지하철 안, 특히 붐비는 시간대에 매우 효과적인 방법이다. 무엇보다 양손이 자유로워 가방 같은 짐을 들고 있어도 상관없다. 사람이 빽빽이 들어찬 만원 지하철 안에서는 책을 읽기는커녕 스마트폰을 들여다보기조차 어려운데 귀로 하는 공부는 다른 사람에게 폐를 끼치지 않고도 할 수 있다.

실천해본 사람은 알겠지만 귀로 공부하면 집중이 아주 잘 된다. 눈을 감고 나만의 세계에 빠져들면 마치 집에 있는 것처럼 개인적인 배움의 공간이 펼쳐진다.

만원 지하철은 타고 있기만 해도 지치기 마련인데 지친 표정의 다른 승객을 보고 있으면 기분까지 울적해진다. 그럴 때 귀를 기울여 나만의 세계에 몰입하면 우울한 요소가 차단돼 지치지 않고 목적지까지 이동할 수 있다.

스마트폰과 이어폰만 있으면 누구나 귀로 배우기를 실천할 수 있어 진입 장벽도 낮다. 콘텐츠도 다양하다.

1. 음성 변환 기능으로 듣는 킨들 전자책
2. 어학 교재, 어학 음성 앱
3. 세미나 영상 음성
4. 유튜브 음성
5. 팟캐스트

이 모든 것을 지하철을 기다릴 때나 길을 걸을 때, 심지어 자전거를 탈 때도 이용할 수 있다. 잘하면 하루 2시간 이상의 자투리 시간을 학습과 자기계발을 위한 시간으로 바꿀 수 있다. 더 나아가 아침 통근 시간에 귀로 공부하면 지금까지 낭비해온 뇌의 골든타임도 효과적으로 활용할 수 있다.

똑같이 스마트폰을 사용하더라도 게임을 하느냐 귀로 배우느냐에 따라 큰 차이가 난다. 지금 어떤 선택을 하느냐에 따라 10년 후 전혀 다른 사람이 될 수도 있다.

일을 병행하는 법 3 생각하기

내가 즐겨 병행하는 또 다른 일은 '생각하기'다. 여기서 말하는 생각이란 막연한 생각이 아니다.

예를 들어 나는 아침에 샤워하기 전 오늘 이메일 매거진은 어떤 주제로 쓸지 정한 뒤 욕실에 들어간다. 그러면 샤워를 마치고 나올 즈음에는 이메일 매거진에 쓸 소재가 정리된다.

게다가 목욕 시간은 일종의 제한 시간처럼 작용해 시간을 압박하는 효과가 있다. 그래서 샤워를 하는 10여 분 동안 확실히 글감을 정할 수 있다.

어차피 책상 앞에서 무엇을 쓸지 고민해도 똑같이 10분은 걸린다. 이른 아침, 잠에서 깬 직후의 시간은 밀도가 매우 높기 때문에 이 10분을 제대로 활용하면 실제로는 그 4배인 40분을 아낄 수 있다. 결국 샤워를 하며 생각하는 것만으로도 샤워 시간 이상의 시간을 창출할 수 있는 셈이다.

인간은 2가지 일을 동시 진행할 수 없다지만 샤워할 때는 순서가 정해져 있어 특별히 신경 쓰지 않아도 손이 저절로 움직인다. 오히려 몸이 교감신경 모드로 전환되며 뇌가 각성 상태에 들어가니 좋은 아이디어가 잇따라 떠오른다.

화장실에 있는 동안, 집을 나와 지하철로 향하는 동안, 지하철을 타고 목적지로 이동하는 동안…… 이런 5~10분 남짓한 자투리 시간은 생각하기에 딱 알맞다.

보통 사람은 아무 생각 없이 샤워를 하고 화장실을 이용하고 역까지 걸어간다. 하지만 그 시간을 활용해 아이디어를 짜고 판단을 하거나 결정을 내리면 신기할 만큼 일이 술술 풀린다.

(7장)

자유 시간
자기계발과 휴식법

신의 시간술을 활용해 여분의 자유 시간이 생겼을 때, 이 시간에 무엇을 하는지에 따라 인생이 결정된다. 과연 시간술로 만들어낸 시간은 어떻게 써야 할까?

나는 자기계발, 능동적 오락, 즐기기, 이 3가지를 추천한다. 지금부터 그 방법을 자세히 설명하겠다.

01

자유 시간에는 일하지 않는다

일의 양이 아닌 질을 높여라

    시간술을 활용해 자유 시간이 1시간 생겼다고 가정하자. 당신은 그 시간에 무엇을 할 것인가?

    아마 가장 많이 나오는 대답은 '일'일 것이다. '일할 시간이 더 필요하다!', '일하는 시간을 늘려 좋은 결과를 내고 싶다', '일을 더 많이 해서 수입을 늘리고 싶다' 하는 사람이 참 많다.

    물론 일을 열심히 하는 것은 좋다. 그러나 시간술로 만들어낸 자유 시간을 다시 일에 써버리는 것은 금물이다.

시간술로 생긴 1시간을 다시 일하는 데 썼다고 해보자. 이후 또다시 1시간이 생겼고 그 시간도 일에 썼다. 그리고 다시 1시간이 생겨 역시 일에 써버렸다.

그 결과는 어떨까? 하루 9시간이던 근무 시간이 10시간, 12시간, 급기야 14시간까지 늘어난다. 결국 하루 대부분의 시간이 일로 채워진다.

그렇게 해서 성과가 나고 수입이 늘면 좋겠지만 현실은 그리 호락호락하지 않다. 생활의 완급을 조절하지 않으면 반드시 병에 걸린다. 쉬어야 할 때 충분히 쉬지 않고 운동 부족인 채로 일만 계속하다 보면 무조건 탈이 난다. 몸의 병이나 마음의 병이 찾아오고야 만다.

실제로 내 환자들이 그렇고 친구나 지인 중에도 아픈 사람이 많다. 어떤 사람은 우울증에 걸려 자살 직전까지 갔으며 최근 1년 사이 내 친구 3명이 암에 걸렸다. 그중 2명은 40대다. 일에 중독된 나머지 '나는 일이 좋으니 쉬지 않아도 괜찮다'하고 말하는 사람은 대체로 병에 걸린다.

자유 시간을 일에 쓰다 보면 일하는 시간이 무한정 늘어난다. 만약 더 일하고 싶고 일에서 좋은 결과를 내고 싶고 수입을 늘리고 싶다면 업무 시간을 늘릴 게 아니라 효율을 높여야 한다. 하루 9시간이라는 한정된 시간 안에 얼마나 많이 일할 수 있으며 얼마나 높은 밀도와 질, 정확도로 일할지를 목표로 삼아야 한다. 일하는 시간을 전혀 늘리지 않고도 당신이 처리하는 일의 양과 질을 충분히 높일 수 있다.

일의 효율은 3배 이상 높일 수 있다

일의 효율을 높여도 처리하는 일의 양은 별로 늘지 않을 거라 생각할지 모른다. 하지만 내 경험에 따르면 실제로는 3배 이상 늘어난다.

예를 들어 나는 정신과 의사이자 작가이며 내 비전은 질병 예방에 도움이 되는 책을 쓰는 것이다. 2007년 작가로 독립했을 당시에는 1년에 1권을 내는 것이 고작이었다. 그러나 최근 5년 동안은 매년 3권씩 출간해왔다. 1년에 1권이던 것이 3권으로 늘었으니 글쓰기에 한해 말하자면 내 업무 효율은 3배 높아진 셈이다.

게다가 2007년 무렵 낸 책들은 5000부에서 1만 부밖에 팔리지 않았지만 최근에 낸 책들은 적게는 3만 부, 많게는 15만

부 이상 팔렸다. 글쓰기 실력이 향상되면서 독자의 공감을 불러일으키는 책, 내용이 더욱 알찬 책을 쓸 수 있게 됐기 때문이다. 판매량이 연간 1만 부에서 10만 부로 뛰었다는 것은 인세 수입도 10배 늘었음을 뜻한다.

그런데 이토록 많은 책을 썼고 인세도 늘었지만 총 집필 시간은 10년 전보다 오히려 줄어들었다. 일의 효율이 높아져 더 짧은 시간에 더 완성도 높은 글을 쓸 수 있기 때문이다.

적어도 작가 활동만 놓고 보면 최근 10년 사이 실질 노동 면에서는 3배, 수입 면에서는 10배 이상 효율이 높아졌다고 할 수 있다.

1년을 13개월로 만드는 비밀

나의 핵심 기술에 투자하라

내가 업무 효율을 3~10배 끌어올릴 수 있었던 비결은 내 핵심 기술에 시간을 투자했다는 것이다.

'작가'라는 직업을 떠올렸을 때 가장 중요한 기술은 무엇일까? 그야 물론 글쓰기다. 나는 하루에 평균 4시간 정도, 최소 3시간에서 최대 6시간까지 글을 쓴다. 그런데 만약 글쓰기 속도가 지금보다 2배 빨라진다면 어떨까?

4시간 걸릴 글을 2시간 만에 쓸 수 있다면 하루에 2시간이 거저 생기는 셈이다. 1년으로 계산하면 총 730시간으로 약 30일에 해당한다. 즉, 자기 분야의 핵심 기술을 갈고닦으면 1년을 13개월로 늘릴 수 있다는 뜻이다. 글쓰기 속도를 2배로 높인다는 것이 언뜻 어려워 보일 수 있지만 올바른 문장을 쓰는 법만 익히면 누구든 해낼 수 있다.

당신은 1시간에 원고지 몇 장을 채울 수 있는가? 나는 보통 5장 이상 채운다. 집중이 잘되고 컨디션이 좋으면 7~8장도 가능하다.

하지만 처음부터 이 속도로 쓰진 않았다. 글 쓰는 법을 배우고 훈련을 거듭한 끝에 생각하는 것과 거의 같은 속도로 글을 쓸 수 있게 됐다.

글을 쓸 때는 먼저 구성을 짜야 한다. 구성만 잘 짜도 글쓰기 속도가 2배는 빨라진다. 쓰는 도중 다음에 무엇을 쓸지 망설일 필요가 없기 때문이다. 이 책도 약 20쪽에 달하는 상세한 목차를 만든 다음 쓰기 시작했다. 목차는 책의 설계도다. 목차가 탄탄하면 책을 쓰는 속도가 눈에 띄게 빨라진다.

글쓰기 기술을 연마하면 충분히 글쓰기 속도를 2배 높일 수 있다. 그리고 한번 높아진 속도는 느려지지 않는다. 한번 익힌 기술은 평생 간다.

당신의 핵심 기술은 무엇인가?

핵심 기술을 연마하는 데 시간을 투자하면 일의 효율을 압도적으로 높여 1년에 수백 시간의 여유를 만들어낼 수 있다. 정말 놀라운 시간 창출법 아닌가.

당신의 핵심 기술은 무엇인가? 글을 많이 써야 하는 사람이라면 글쓰기 기술을 연마하자. 주로 컴퓨터로 일하는 사람이라면 컴퓨터 활용 능력을 높이자. 회계 등 계산이 필요한 사람이라면 엑셀 같은 표 계산 소프트웨어를 익히자. 프로그래머라면 최신 프로그래밍 지식을 습득하자. 영업을 하는 사람이라면 커뮤니케이션 능력을 기르자.

각자 나만의 핵심 기술을 갈고닦으면 시간을 더 효율적으로 쓸 수 있고 결국 더 많은 시간을 창출할 수 있다. 그렇게 확보한 자유 시간은 다시 기술 향상에 투자한다. 그 결과 핵심 분야에서의 업무 효율이 더 높아지고 나 자신도 더 성장해 같은 시간에 훨씬 많은 일을 처리할 수 있다. 이렇게 절약한 시간은 또다시 자기계발에 활용하면 된다.

자유 시간을 기술 향상에 투자하기만 해도 자기성장과 시간 창출의 선순환이 일어난다. 여유 시간을 자기계발에 투입해 더 빠르게 성장한다는 개념은 사실 새로운 이야기가 아니다. 혼다 나오유키의 《타임에셋》이나 '워크라이프 밸런스(work-life balance)'로 유명한 고무로 요시에의 책에도 같은 내용이 언급된다. 이 두 사람처럼 사업에 성공하고 자기성장을 이룬 사람은 시간을 철저히 자기계발에 쓴다.

핵심 기술 외의 업무 능력도 높이자

자유 시간을 공부에 쓰는 사람도 많을 것이다. 참으로 훌륭한 자세지만 무엇을 공부하는지에 따라 인생이 크게 달라진다.

예를 들어 영어 공부가 있다. 만약 지금 영어가 꼭 필요한 상황이라면 영어야말로 당신의 핵심 기술이다. 따라서 가장 먼저 시간을 투입해야 한다. 그러나 대부분 지금 당장 필요하진 않지만 미래를 위해 영어를 배우려는 경우가 많다.

공부하려는 자세 자체는 훌륭하지만 영어보다 먼저 당신의 핵심 기술에 직접 기여할 만한 공부를 하는 편이 낫다. 핵심 기술에 대한 투자는 결과가 곧바로 나타나는 단기 투자, 영어 공부는 미래를 위한 장기 투자라고 할 수 있다.

일단 핵심 기술에 투자해 자유 시간을 확보한 뒤 그 여유 시간으로 미래에 대비하는 것이 올바른 순서다. 이는 단기 투자로 자금을 마련하고 그 자금을 꾸준한 수익을 안겨줄 부동산에 투자하는 것과 같은 이치다.

따라서 먼저 당신의 핵심 기술을 탄탄히 다져 자유 시간 창출의 기반을 마련해야 한다. 그런 다음 다른 기술을 익히고 업무 능력을 높이는 데 다시 그 자유 시간을 투입하는 것이야말로 가장 효율적인 공부법이자 시간술이다.

03
즐기면서 성장하는 능동적 오락

집중력을 높이는 독서, 집중력을 떨어뜨리는 텔레비전

일은 중요하다. 공부도 중요하다. 하지만 노는 것도 중요하다. 힘들게 만든 자유 시간은 '놀이'에도 쓰여야 한다.

자유 시간에는 놀아야 한다. 다만 무엇을 하며 노는지에 따라 인생이 달라질 수 있다. 이왕이면 인생을 뒷받침하고 자기 성장에 이바지하는 능동적 오락에 시간을 쓰자.

독일에서 실시한 대규모 조사에 따르면 책을 많이 읽은 사람일수록 몰입을 자주 경험한 반면 텔레비전을 많이 본 사람은 그 반대였다. 전자는 독서를 즐기며 텔레비전은 거의 보지 않았고 후자는 책을 멀리한 채 긴 시간 텔레비전 앞에 머물렀다.

몰입이란 내가 누구인지조차 잊을 만큼 깊이 집중한 상태를 말한다. 몰입에 빠진 사람은 종종 고도의 집중력을 발휘하지만 그렇지 않은 사람은 늘 산만한 상태다.

이 연구는 책을 많이 읽을수록 집중력이 향상되고 텔레비전을 많이 볼수록 집중력이 저하될 수 있음을 시사한다. 책은 집중하지 않으면 읽을 수 없다. 독서가 취미인 사람은 평소 대상에 의식을 집중하는 훈련을 하고 있는 셈이다. 반면 텔레비전은 아무 생각 없이 멍하니 볼 수 있다. 텔레비전 시청은 집중력을 떨어뜨리고 주의가 산만해지게 한다.

한마디로 독서는 집중력을 높이는 훈련이고 텔레비전은 집중력을 낮추는 훈련이다. 1시간의 자유 시간이 생겼을 때 당신은 책을 읽는가 아니면 텔레비전을 보는가?

수동적 오락과 능동적 오락

오락은 크게 둘로 나눌 수 있다.

하나는 텔레비전이나 비디오게임처럼 거의 집중할 필요가 없고 특별한 기술 없이 즐길 수 있는 '수동적 오락'이다. 다른 하나는 독서, 스포츠, 보드게임(체스나 장기), 악기 연주처럼 높은 집중력과 목표 설정, 기술 향상이 요구되는 '능동적 오락'이다.

몰입 개념의 창시자이자 집중력 이론의 일인자인 미하이 칙센트미하이 교수는 "능력을 발휘하는 몰입 경험이 인간을 성장시킨다. 수동적 오락은 아무것도 낳지 않는다"라고 말했다. 즉, 능동적 오락은 집중력을 높여 인간을 성장시키는 데 효과적이지만 수동적 오락은 아무 보탬도 되지 않는다는 뜻이다.

또 칙센트미하이 교수의 연구에 따르면 스포츠나 보드게임을 즐긴 뒤 무기력을 느낀 비율은 16%인 반면 텔레비전 시청 후에는 그 비율이 38%에 달했다. 다양한 여가 활동 중에서도 텔레비전이 무기력을 가장 쉽게 불러일으킨 것이다.

고령자의 생활 습관과 치매 발병률의 상관관계를 조사한 결과 독서와 보드게임을 즐긴 사람은 치매에 걸릴 위험이 더 낮은 것으로 나타났다. 이는 치매를 예방하기 위해서는 뇌세포를 자극하고 두뇌를 훈련해야 한다는 사실을 뒷받침한다.

집중력과 기술 향상이 요구되는 능동적 오락은 오락인 동시에 주의 집중력과 두뇌 기능을 활성화하기 위한 훈련이기도 하다. 나아가 이는 기술 향상과 치매 예방(질병 예방)이라는 두 측면에서 시간을 투자하는 일이기도 하다.

당신에게 자유 시간 1시간이 주어진다면 수동적 오락을 할 것인가, 능동적 오락을 할 것인가? 어차피 오락에 시간을 쓸 거라면 자기계발로 이어지는 활동을 택하는 편이 낫다.

텔레비전 시청 시간을 3분의 1로 줄이는 방법

나는 텔레비전을 보는 일 자체는 결코 나쁘다고 생각하지 않는다. 최신 뉴스나 유익한 정보를 얻을 수 있고 직접 눈으로 봐야만 충분히 알 수 있는 내용도 있다.

문제는 꼭 보고 싶은 방송뿐 아니라 딱히 보고 싶지 않았던 방송까지 무심코 보게 된다는 것이다. 요즘 방송은 정말 교묘하게 편성돼 한 프로그램이 끝나면 곧바로 다음 프로그램이 시작된다. 게다가 프로그램이 끝나기도 전에 자꾸 다음 프로그램의 예고가 삽입돼 보고 싶은 마음을 부추긴다. 이렇듯 보고 싶지 않았던 방송을 보게 되는 구조가 시간을 낭비하는 주된 원인이다.

그런데 계획에 없던 프로그램 시청을 피하기 위한 방법이 있다. 바로 보고 싶은 방송을 녹화해서 보는 것이다. 이러면 텔레비전에 빼앗기는 시간을 크게 줄일 수 있다.

나는 스포츠나 뉴스를 뺀 다큐멘터리나 드라마, 예능 등의 프로그램은 모두 녹화해서 본다. 이 방법으로 원래는 볼 계획이 없던 방송을 무심코 보는 일을 100% 예방할 수 있다. 애초에 보고 싶은 방송만 녹화했기 때문에 다른 방송은 볼 수가 없다.

그런데 이상하게도 녹화하기 전에는 그토록 보고 싶던 마음이 막상 녹화하고 나면 거짓말처럼 싹 사라진다. 녹화 방송이 10편쯤 쌓이면 정말 보고 싶었던 방송부터 우선순위를 매겨 보기 시작한다. 그래도 전부 다 보긴 힘들어서 못 본 방송이 쌓여만 가다가 어느 순간 손도 못 댄 채 결국 삭제되고 만다. 내 경우 3편 중 2편이 그렇게 사라진다.

그러니 프로그램은 녹화해서 본다는 원칙만 잘 지켜도 오늘부터 텔레비전 시청 시간을 3분의 1로 줄일 수 있다. 매일 3시간씩 한 달에 90시간 텔레비전을 보는 사람이라면 이 방법으로 매일 2시간, 한 달이면 60시간을 아낄 수 있다.

텔레비전 시청을 능동적 오락으로 바꾸는 방법

텔레비전 시청으로 대표되는 수동적 오락은 자기성장으로 이어지지 않기 때문에 결국 시간 낭비에 불과하다. 그런데 텔레비전 시청을 능동적 오락으로 바꿀 수 있는 방법이 있다. 바로 텔레비전을 보고 나서 아웃풋을 내는 것이다. 그러기 위해서는 방송에 모르는 내용이 나왔을 때 호기심을 갖는 것이 중요하다.

능동적 오락의 특징은 집중력뿐 아니라 목표 설정과 기술 향상을 요구한다는 점이다. 따라서 텔레비전을 볼 때 내용에 집중하고 목표를 설정해 기술을 향상한다면 텔레비전 시청도 충분히 능동적 오락이 될 수 있다. 다시 말해 능동적 활동을 하고 싶다면 아웃풋을 내면 된다.

나는 인물 다큐멘터리를 볼 때 그날 소개된 인물의 명언을 2~3개 메모한다. 방송이 끝나면 그 명언과 함께 느낀 점을 정리해 페이스북에 올린다. 막연히 보는 게 아니라 뭔가 깨달음을 얻기 위해 탐욕스럽게 본다. 그리고 아웃풋을 통해 내용을 정리하고 기억에 남긴다. 때로 방송에 등장한 인물을 인터넷에서 검색하거나 그가 쓴 책을 읽으며 배움의 깊이를 더한다.

아웃풋을 염두에 두면 자연스럽게 목표가 설정돼 프로그램 내용에 더 집중할 수 있다. 그만큼 기술 향상에 보탬이 돼 텔레비전 시청이 능동적 오락으로 바뀐다. 즉, 같은 시간, 같은 방송을 보더라도 자기성장에 기여하는 자기계발 시간으로 활용할 수 있다.

이는 텔레비전에만 해당되는 이야기가 아니다. 영화나 술자리도 마찬가지다. 아무 생각 없이 영화를 보면 수동적 오락에 그치지만 아웃풋을 목표로 집중해서 보면 많은 깨달음을 얻을 수 있어 능동적 오락이 된다. 친구와의 술자리도 의미 없이 떠들면 수동적 오락에 불과하지만 거기에서 배움을 얻고 아웃풋을 내면 능동적 오락으로 바뀐다.

맛집 탐방이나 여행도 예외는 아니다. 아웃풋을 염두에 두고 집중하면 실제로 이를 통해 기술이 향상된다. 아웃풋을 내는 습관을 들이면 거의 모든 수동적 오락 시간을 능동적 오락 시간, 즉 자기계발 시간으로 바꿀 수 있다.

인풋이 있으면 반드시 아웃풋도 있어야 한다. 아웃풋을 내야 깨달음을 얻고 성장할 수 있다. 아웃풋을 내기 위한 구체적인 실천 방법은 나의 저서《소확공 소소하지만 확실한 공부법》에 자세히 설명해 뒀으니 꼭 함께 읽어보길 바란다.

다시 한 번 말하지만 수동적 오락을 줄이고 능동적 오락을 늘리는 것이 중요하다. 능동적 오락을 하면 일에 집중하는 능력도 높아진다. 놀이나 오락은 단순한 시간 '소비'가 아니다. 능동적 오락은 더 많은 시간을 낳는 '자기계발'이다.

04

인생은 즐기기 위해 있는 것이다

일류 일꾼은 일류 취미꾼이다

보통 사람은 뭔가를 즐기는 데 서툴다. 일하는 사람은 존경받고 노는 사람은 무시당하는 경향이 여전하기 때문인 듯도 하다. 결국 일이 최고라는 집단 분위기가 시간 외 무급 노동을 강요하고 장시간 노동이 만연한 블랙 기업을 용인하는 풍토를 만들고 있다.

낮에는 부지런히 일하고 밤에는 인생을 즐기며 재충전하는 것이 이 책에서 권하는 최고의 시간술이다. 반대로 밤낮없이 일하고 급기야는 수면 시간까지 줄이는 삶의 방식은 지금 잠깐은 통할지 몰라도 10년, 20년이 지나면 반드시 건강을 해치고 만다.

우리는 좀 더 놀아도 된다. 아니, 지금까지 제대로 놀지 못했으니 더 신나게 놀아야 한다.

나는 텔레비전을 거의 보지 않지만 〈정열대륙〉(매주 1명 각계각층의 인물을 조명하는 일본 다큐멘터리. 1998년부터 현재까지 MBS 계열 방송사에서 방영되고 있다—옮긴이)이나 〈솔로몬류〉(다양한 분야의 인물을 집중 조명한 일본 다큐멘터리. 2005~2014년까지 TV 도쿄 계열 방송사에서 방영됐다—옮긴이) 같은 인물 다큐멘터리는 종종 본다. 이런 방송에서는 인생이나 사업 성공 비결을 실제 사례를 통해 배울 수 있다.

인물 다큐멘터리에 등장하는 '일류 일꾼'에게는 공통점이 하나 있다. 모두 압도적으로 집중할 수 있는 취미가 있어서 거기에 막대한 에너지, 시간, 돈을 쏟아붓는다는 점이다. 심지어 거의 전문가 수준에 도달한 사람도 있다.

집중력은 일에서뿐 아니라 놀이에서도 발휘할 수 있다. 놀이나 취미에서 집중력을 100% 발휘하는 사람은 일에서도 그렇게 한다. 놀이나 취미에 집중하지 못하는 사람이 일을 할 때만 집중력을 발휘할 순 없다. 같은 인간이 같은 뇌를 쓰는 것이기 때문이다.

사실 취미에 몰두하는 것은 집중력을 훈련하는 데 가장 좋은 방법이다. 좋아하기 때문에 몰입할 수 있고 시간의 흐름을 잊을 수 있다. 크게 고생하거나 노력하지 않아도 높은 집중력을 발휘할 수 있다.

'집중력×시간 = 집중 시간'이다. 취미에서나 일에서나 높은 집중력을 발휘하는 사람은 이 '집중 시간'이 많다. 그런 사람은 일의 효율이 높아 같은 시간에 더 많은 성과를 낼 수 있다. 그래서 일류 '취미꾼'은 일류 '일꾼'이 될 수 있다.

지금을 즐기는 사람이 행복해진다

당신이 진정으로 '즐거움'을 느끼는 순간은 언제인가?

나는 영화를 볼 때다. 영화를 보는 동안에는 다른 모든 일을 잊고 영화 속 세계에 몰입할 수 있다. 흥분되고 설레고 두근거리며 공감하고 감동하고 눈물 흘린다. 그야말로 오만가지 감정을 맛본다. 영화를 보는 순간은 최고로 좋은 시간이자 행복한 시간이다. 영화를 보고 나면 '아, 즐거웠다' 하는 생각이 절로 든다. 매번 '나는 정말 영화를 좋아하는구나' 하고 새삼 깨닫는다.

한 달에 영화를 3편 보면 그 즐거운 시간이 3배가 되고 10편을 보면 10배로 늘어난다. '평생 이렇게 살 수 있다면 인생이 얼마나 즐거울까?' 하고 이미 그렇게 살고 있으면서도 늘 생각한다.

내가 언제 즐거움을 느끼는지 알면 그 시간을 늘리기 위해 노력할 수 있다. 취향은 사람마다 다르다. 누군가는 맛집 탐방이나 여행을 하며 즐거움을 느끼고 또 누군가는 반려자나 반려동물과 시간을 보내며 즐거움을 느낀다. 중요한 건 오롯이 그 시간을 늘리는 일이다. 그러면 즐겁고 행복한 시간이 늘어나 결국 당신 인생에서 차지하는 즐거운 시간의 비율도 높아진다. 이게 바로 즐거운 인생이며 행복한 인생 아닐까?

지금 죽도록 노력하면 10년 후 행복한 미래가 찾아올 거라 믿는 사람이 많지만 결코 그렇지 않다. 미래라는 시제는 관념에만 존재할 뿐 실제로 존재하는 것은 오직 지금뿐이다. 미래는 그저 지금의 연속 끝에 있다.

따라서 지금 이 순간 작은 행복을 느끼지 못하면 영원히 행복해질 수 없다. 행복감이 0인 사람이 어느 날 갑자기 100의 행복감을 느끼는 일은 일어나지 않는다. 작은 행복이라도 좋으니 그 행복감을 바로 지금, 바로 오늘 느끼는 것이 중요하다.

인생은 '즐기는' 것이다. 지금 참는 이에게는 평생 참는 날이 이어질 뿐이다. 그러니 자유 시간을 조금이라도 확보할 수 있다면 그 시간을 먼저 즐거운 일에 쏟길 바란다.

다만 텔레비전이나 게임 등이 주는 찰나의 얄팍한 즐거움을 좇기보다는 당신이 진심으로 즐겁다고 느끼는 활동에 그 귀하디귀한 시간을 써야 한다.

즐거움의 안테나를 세우자

당신이 진정으로 즐거움을 느끼는 순간이 언제냐고 질문하면 의외로 "모른다"라고 대답하는 사람이 꽤 많다.

내가 무엇을 할 때 진정 즐거운지 모르는 사람은 나만을 위한 최고의 재충전 시간을 가질 수 없다. 무엇을 하든 즐겁지 않기 때문이다.

나의 즐거움을 모르는 사람은 '즐거움의 안테나'가 세워져 있지 않다. '매일이 즐겁지 않다' 하고 느끼는 사람일지라도 날마다 마음의 움직임을 잘 관찰하면 설렘과 즐거움을 느끼는 순간을 반드시 발견할 수 있다. 그런 순간을 놓치면 안 된다.

'나는 ○○하는 순간 정말 즐겁다' 하고 자각하는 일이 중요하다. 항상 그렇게 의식하고 있어야 하며 나는 이를 즐거움의 안테나를 세우는 일이라고 표현한다.

즐거움의 안테나를 세우고 있는 사람은 스스로 즐거운 일에 발을 들이고 즐거운 장소에 얼굴을 내밀며 즐길 기회를 가까이 끌어당긴다. 반면 내 즐거움이 뭔지 잘 모르는 사람은 즐거울 수 있는 제안조차 쉽게 거절해 버린다.

내 즐거움을 알고 자유 시간을 그 즐거운 일로 채우기만 해도 즐거움은 무한대로 증식한다. 이로 인해 매일이 더없이 즐거워진다.

하지만 내 즐거움을 모르면 어쩌다 우연히 찾아온 즐거운 일이 다시 일어나길 그저 기다릴 수밖에 없다. 일주일에 한 번 일어날지도 모르고 한 달에 한 번 일어날지도 모른다. 바꿔 말하면 인생 대부분이 즐겁지 않은 일로 채워진다는 뜻이다.

인생은 즐기기 위해 있는 것이다. 그러니 온 힘을 다해 즐거움의 안테나를 세워야 한다. 나날의 일상에는 반드시 즐겁다고 느끼는 순간이 있다. 그런 순간을 만났다면 잊기 전에 반드시 기록해두자.

예를 들어 앞서 말한 잠들기 15분 전 오늘 가장 즐거웠던 일을 SNS에 올리는 것도 좋은 방법이다. 이런 기록이 습관이 되면 자연스럽게 즐거움의 안테나가 세워져 내가 무엇에 즐거움을 느끼는지 저절로 깨닫게 된다.

놀이의 할 일 목록을 쓰자

내 즐거움이 뭔지 아는 사람은 그 즐거운 시간을 늘려야 한다. 운 좋게 자유 시간이 생겼다면 내게 가장 즐거운 일을 하자. 그 과정을 반복하다 보면 즐거움이 무한대로 커져 분명 인생이 즐거워질 것이다.

이때 필요한 것이 놀이의 할 일 목록이다. 일할 때는 당연히 해야 할 일을 체크하지만 놀 때 무엇을 해야 하는지 따지는 사람은 거의 없을 것이다. 하지만 놀이에도 리스트가 있으면 여유 시간의 밀도가 훨씬 높아진다.

그런데도 많은 사람이 모처럼 생긴 여유 시간, 자유 시간을 그저 멍하니 흘려보내고 만다. 놀이의 할 일 목록은 가장 하고 싶은 놀이, 가장 즐거운 일을 실천하게 해준다. 그 결과 자유 시간, 여가 시간을 더욱 알차게 보낼 수 있다.

조금 전 말했듯 내 취미는 영화 감상이다. 나의 월간 일정표에는 이번 달 보고 싶은 영화 목록과 각각의 개봉일이 적혀 있다. 그래서 보고 싶은 영화를 볼 확률이 비약적으로 높아지고 반대로 놓칠 확률은 낮아진다.

예를 들어 오후 5시에 일이 끝나 갑자기 자유 시간이 생기면 '아, 리스트의 영화 중 하나가 오늘 개봉하는데 보러 가야겠다' 하는 생각이 든다. 만약 보고 싶은 영화 리스트를 만들어두지 않았다면 그냥 곧장 집으로 돌아가 멍하니 시간을 흘려보냈을 것이다.

나는 맛집 탐방도 좋아해서 '가고 싶은 가게 리스트'도 동네별로 정리해뒀다. 리스트에는 롯폰기, 시부야, 진보초 등 도쿄 시내 레스토랑, 선술집, 초밥집, 카레집 등이 담겨 있다. 어쩌다 진보초에서 약속이 잡히면 '맞다, 진보초에 점찍어 둔 카레집이 있었지. 약속 끝나고 한번 가보자' 하는 생각이 든다.

이처럼 리스트를 만들어두면 '겸사겸사' 자투리 시간에 새로운 맛집을 효과적으로 발굴할 수 있다. 한 번쯤 가보고 싶었던 카레집에 가는 그 순간은 내게 있어 최고의 시간이자 궁극의 재충전 시간이다.

놀이의 할 일 목록을 작성하면 당신의 자유 시간, 자투리 시간이 극도로 즐거운 재충전 시간으로 채워진다. 그 결과 하루하루가 즐거워지고 분명 인생의 농도도 짙어질 것이다.

재충전 시간을 온전히 즐기자

자유 시간을 활용하는 방법에는 앞서 말한 수동적 오락이나 능동적 오락 외에도 사람들과의 교류, 음악 감상, 생각에 잠기기, 멍하니 있기 등이 있다. 모두 특별히 집중을 요하는 활동은 아니지만 주어진 시간을 편안하게 보낼 수 있는 좋은 방법이다.

부부 간의 대화, 자녀와의 오락, 친구나 연인과의 식사, 반려동물과 놀아주기처럼 누군가와 함께하는 교류 시간 또는 좋아하는 음악을 들으며 소파에 몸 맡기기, 욕조에 몸을 담근 채 멍하니 있거나 오늘 있었던 일 되새기기 등 혼자 보내는 시간을 '재충전을 위한 여가'라고 부르자.

이완된 시간은 무척 중요하다. 낮에는 긴장하며 일하는 대신 밤에는 편한 마음으로 쉬는 것이 가장 건강한 삶의 방식이기 때문이다. 재충전을 위한 여가는 집중력을 0으로 만드는 시간이라고도 할 수 있다. 그동안 나는 낮의 업무 시간에 집중력을 높이라고 강조해 왔지만 사실 밤의 휴식 시간에 충분히 긴장을 풀지 않으면 다음 날 집중도가 올라가지 않는다.

재충전을 위한 여가에 관해서는 178쪽 '잠들기 전에 해야 할 일과 피해야 할 일'에서 자세히 다뤘으니 부디 잠들기 전에 실천해 보길 바란다.

능동적 오락이 매우 좋다는 말도 여러 번 했지만 사실 일하지 않는 시간을 모두 능동적 오락에 쓰면 정작 몸과 마음의 긴장을 풀고 편히 쉴 시간은 사라져 버린다. 따라서 적어도 잠들기 전만큼은 집중력을 0으로 떨어뜨리자. 긴장과 이완 사이를 균형 있게 오갈 줄 알아야 매일의 능률을 최대로 끌어올릴 수 있다.

에필로그

정신과 의사인 내가
시간술에 관해 쓴 진짜 이유

구상에 10년, 제작에 2년. 10년 넘게 가슴속에 품어온 내 안의 중요한 테마 '시간술'이 마침내 형태를 갖추고 세상에 나왔다.

정신과 의사로서 뇌의 효율을 극대화하는 방법에 초점을 맞췄고 최신 뇌과학 연구를 바탕으로 그 방법을 '신의 시간술'이라는 개념으로 체계화했다. 신의 시간술은 그저 하나의 이론이 아니다. 내가 매일 실천하는 방식이며 나의 삶, 나의 인생 그 자체다.

나에게는 정신과 의사로서의 사명이 하나 있다. 바로 '자살과 우울증을 줄이는 일'이다.

많은 사람이 '그런 엄청난 일을 어떻게 해낸다는 거야?' 하고 의심할지도 모르지만 내 전략은 간단하다. 자살과 과로사가 발생하는 원인은 낮은 노동생산성, 비효율적인 업무 방식, 일에 치여 건강이나 가족을 희생하는 잘못된 업무 태도다. 따라서 업무 스타일만 바꿔도 자살과 과로사 발생률은 지금의 절반 이하로 뚝 떨어질 것이다.

일을 열심히 하는 것도 좋지만 근성만 믿고 버티다 보면 집중력은 점점 흐려지고 결국 비효율적인 장시간 노동에 빠진다. 그러니 취미 시간, 즐기는 시간, 가족과 보내는 시간을 소중히 여기며 재충전에 힘써야 한다. 완전한 회복을 위해 충분한 수면을 취하고 꾸준히 운동하자. 그러면 뇌의 효율은 자연스럽게 극대화된다.

신의 시간술에 담긴 노하우를 실천하면 일에서의 성공, 가족에 대한 애정, 취미에의 몰입, 압도적으로 행복한 시간 그리고 건강까지 인생에 꼭 필요한 모든 것을 손에 넣을 수 있다. 모두가 그렇게 될 수만 있다면 업무 스트레스로 병에 걸리거나 자살하는 사람이 거의 없는 사회도 충분히 실현 가능할 것이다. 이것이야말로 정신과 의사인 내가 시간술에 관한 책을 쓴 진짜 이유다.

나와 가족을 먼저 챙기고 그다음 일에 매진하는 편이 훨씬 효율적이다. 이 책을 읽고 일의 효율이 높아져 아픈 사람이 단 1명이라도 줄어든다면 정신과 의사로서 더할 나위 없이 행복할 것이다. 그러기 위해서는 먼저 당신이 신의 시간술을 실천해 자유로운 시간, 몸과 마음의 건강, 두뇌 효율 극대화를 손에 넣어야 한다.

이 책은 약 2년에 걸쳐 쓰였다. 지금까지 내가 펴낸 책 중 가장 오래 걸렸다. 오랜 시간 동안 집중력을 잃지 않고 이 책을 만드는 데 힘써준 편집자 다네오카 겐 씨에게 진심으로 감사드린다.

가바사와 시온

참고 도서

- 《몰입의 즐거움》(미하이 칙센트미하이)
- 《몰입-미치도록 행복한 나를 만난다》(미하이 칙센트미하이)
- 《운동화 신은 뇌》(존 레이티, 에릭 헤이거먼)
- 《브레인 룰스-의식의 등장에서 생각의 실현까지》(존 메디나)
- 《하버드 집중력 혁명》(에드워드 할로웰)
- 《자신을 컨트롤 하는 초집중력》(멘탈리스트 다이고)
- 《브레인 바이블》(존 아덴)
- 《뇌에서 스트레스를 제거하는 기술》(아리타 히데호, 선마크 출판) ⇨ 국내 미출간
- 《아침 5분간의 뇌 속 세로토닌 트레이닝》(아리타 히데호, 간키 출판) ⇨ 국내 미출간
- 《아침에는 의욕을 높이고 밤에는 스트레스를 없애는 전환형 뇌 활용법》(아리타 히데호, 비즈니스사) ⇨ 국내 미출간
- 《최적의 공부 뇌-평범한 뇌도 탁월하게 만드는 두뇌 개조 프로젝트》(이케가야 유지)
- 《왜 이것이 몸에 좋을까?》(고바야시 히로유키)
- 《이 법칙으로 집중(Zone)에 들어간다! 집중 '뇌' 만드는 법》(모기 겐이치로, 아사히 출판사) ⇨ 국내 미출간
- 《아침의 재발견-최고의 인생을 만드는 아침 습관의 힘》(모기 겐이치로)
- 《주간 다이아몬드 2017년 1/14호 일과 공부에 효과적인 '집중력'&기억술·속독술》
- 《딥 워크-강렬한 몰입, 최고의 성과》(칼 뉴포트)
- 《스탠퍼드식 최고의 수면법-적게 자도 피곤하지 않은 90분 숙면의 기적》(니시노 세이지)
- 《인간은 왜 잠들지 못하는가》(오카다 다카시, 겐토샤신쇼) ⇨ 국내 미출간
- 《기초 강좌, 수면 개선학》(호리 다다오, 시라카와 슈이치로 감수, 유마니쇼보) ⇨ 국내 미출간
- 《야근 없는 회사가 정답이다》(고야마 노보루)
- 《노동생산성의 국제 비교 2016년판》(일본생산성본부 발표) http://www.jpc-net.jp
- 《당신의 뇌는 최적화를 원한다》(가바사와 시온)
- 《애쓰지 않으면 병이 낫는다》(가바사와 시온, 아사 출판) ⇨ 국내 미출간
- 《정신과 의사가 알려 주는 숙면의 12가지 법칙, 일본에서 가장 알기 쉬운 수면 매뉴얼》(가바사와 시온, Kindle 전자책) ⇨ 국내 미출간

옮긴이 정혜원

동국대학교에서 서양화를 공부하고 이화여자대학교 통번역대학원에서 한일 번역을 공부했다. 현재 출판 번역 에이전시 유엔제이에서 프리랜서 번역가로 일하면서 독립 출판물을 만들고 그림을 그리고 있다. 《실험 쥐 구름과 별》을 쓰고 그렸으며 《망각 탐정 시리즈》, 《정체》, 《보이는 노트 비즈니스 명저 100》, 《하루 한 권, 화학 열역학》, 《만화로 배운다! 디즈니 청소의 신이 가르쳐 준 것》, 《하루 한 권, 유전공학》, 《하루 한 권, 곤충》, 《동물 윤리의 최전선》, 《어린이 심리학》, 《어린이 철학》, 《어린이 경제학》 등을 옮겼다.

인생을 바꾸는 뇌과학 시간표

1판 1쇄 발행 2025년 11월 24일

지은이 가바사와 시온
옮긴이 정혜원
발행인 오영진 김진갑
발행처 토네이도미디어그룹(주)

책임편집 김예은
기획편집 박수진 유인경 박은화
디자인 김현주
마케팅 박시현 박준서 박가영
경영지원 이혜선

출판등록 2006년 1월 11일 제313-2006-15호
주소 서울시 마포구 월드컵북로5가길 12 서교빌딩 2층
원고 투고 및 독자 문의 midnightbookstore@naver.com
전화 02-332-3310 팩스 02-332-7741
블로그 blog.naver.com/midnightbookstore
페이스북 www.facebook.com/tornadobook
인스타그램 @tornadobooks

ISBN 979-11-5851-334-4 (03190)

토네이도는 토네이도미디어그룹(주)의 자기계발/경제경영 브랜드입니다.
이 책은 저작권법에 따라 보호를 받는 저작물이므로 무단전재와 무단복제를 금하며, 이 책 내용의 전부 또는 일부를 사용하려면 반드시 저작권자와 토네이도의 서면 동의를 받아야 합니다.

잘못되거나 파손된 책은 구입하신 서점에서 교환해드립니다.
책값은 뒤표지에 있습니다.